송강스님의
벽암록 맛보기

-6권-

(51칙~60칙)

벽암록 맛보기를 내면서

2021년 초에 불교신문사에서 새로운 연재를 부탁하기에 〈벽암록 맛보기〉라는 제목으로 『벽암록(碧巖錄)』의 본칙(本則)과 송(頌)을 중심으로 1회 1칙씩을 연재하기로 했습니다. 정해진 지면에 맞추다 보니 여러 가지 도움이 될 장치를 생략하게 되었으나, 공부하기에는 크게 부족함이 없었습니다.

불교신문 독자들 가운데 책으로 공부하기를 원하는 분들이 많아서 이제 10칙씩을 묶어 한지제본의 〈벽암록 맛보기〉를 차례로 출판하기로 하였습니다. 불교신문 지면에 실린 내용에다 몇 가지 도움이 될 부분을 더하여 편집의 묘를 살린 것입니다.

　참선공부는 큰 의심에서 시작되고, 『벽암록(碧巖錄)』
의 선문답은 본체 또는 주인공에 대한 의심을 촉발하
기 위한 것입니다. 그러므로 의심을 일으킬 수 있는 정
도로 설명은 간략하게 하고 자세한 풀이는 생략했습니
다. 너무 자세한 설명은 스스로 의심을 일으키기는 커
녕 자칫 다 알았다는 착각에 빠지게 하기 때문입니다.
　이 책이 많은 분들에게 큰 의심을 일으킬 수 있는 기
회가 된다면 참 좋은 법연(法緣)으로 생각하겠습니다.

2022년 여름 개화산자락에서
시우 송강(時雨松江) 합장

차 례

제51칙 암두 말후구(巖頭末後句) 9

　　　암두스님의 마지막 한마디

제52칙 조주 석교(趙州石橋) 23

　　　조주선사의 돌다리

제53칙 마조 야압(馬祖野鴨) 37

　　　마조선사의 들오리

제54칙 운문 전수(雲門展手) 51

　　　운문선사가 손을 펴 보임

제55칙 도오 부도(道吾不道) 65

　　　도오선사의 말할 수 없음

제56칙 흠산 일촉(欽山一鏃) 83
　　흠산선사의 화살 한 대

제57칙 조주 불간택(趙州不揀擇) 99
　　조주선사의 간택하지 않음

제58칙 조주 소굴(趙州窠窟) 113
　　조주선사의 소굴

제59칙 조주 지도(趙州至道) 125
　　조주선사의 도에 이르는 것

제60칙 운문 주장(雲門拄杖) 139
　　운문선사의 주장자

제51칙

암두 말후구
(巖頭末後句)

암두스님의
마지막 한마디

"깊은 밤에 일천 바위 뒤덮은 눈을
함께 보리라"

달마대사께서 입적 후 중국의 사신에게
인도로 돌아가시는 모습을 보였다는 파미르고원.
달마대사께서 인도로 돌아가셨다는 것은 무엇을 뜻하는가?

강설(講說)

우리는 철들자마자 분별하는 것부터 배웠다. 그래서 마음공부를 하면서도 끝끝내 분별로 답을 얻으려 한다. 하지만 이미 분별이 일어나는 순간 마음공부와는 한없이 멀어져 간다. 분별 자체가 본래의 마음으로부터 멀어졌음을 알지 못하기 때문이다. 그러니 이 방법으로는 결코 깨달음에 이를 수 없다.

선지식의 말씀을 보면 어떤 이는 완전히 풀어줘 버리고, 어떤 이는 꼼짝 못 하게 해 버린다. 어느 것이 옳을까? 이 두 가지 방법은 상대의 병에 따라 사용된 것일 뿐 옳고 그른 것이 아니다. 그런데 상대를 파악할 힘은 없으면서 다른 이들의 흉내를 내는 사람은 엉뚱하게 사용하여 생사람 잡는 일이 벌어진다. 칼 쓰는 법도 모르면서 남의 보검을 휘두르기 때문이다.

혹 뛰어난 경지에 이르렀다고 해도, 이르렀다는 생각이 추호라도 있다면 그는 여전히 멀리 있는 사람이다. 바늘 하나도 세울 자리가 없는 사람이라야 비로소 불조(佛祖)와 함께 할 수 있을 것이다.

본칙(本則)

擧 雪峰住庵時에 有兩僧來禮拜라 峰見
거 설봉주암시   유양승래예배   봉견

來하고 以手托庵門하고 放身出云 是什
래   이수탁암문   방신출운 시십

麼오 僧亦云 是什麼오 峰低頭歸庵하다
마   승역운 시십마   봉저두귀암

僧後到巖頭하니 頭問 什麼處來오 僧云
승후도암두   두문 십마처래   승운

嶺南來니다 頭云 曾到雪峰麼아 僧云 曾
영남래   두운 증도설봉마   승운 증

到니다 頭云 有何言句오 僧擧前話하니 頭
도   두운 유하언구   승거전화   두

云 他道什麼오 僧云 他無語低頭歸庵
운 타도십마   승운 타무어저두귀암

하더이다 頭云 噫라 我當初悔不向他道末
         두운 희   아당초회불향타도말

後句로다 若向伊道런들 天下人不奈雪老
후구   약향이도   천하인불나설노

何하리라 僧至夏末하야 再擧前話請益하니
하   승지하말   재거전화청익

頭云 何不早問고 僧云 未敢容易니다 頭
두운 하부조문 승운 미감용이 두

云 雪峰雖與我同條生이나 不與我同條
운 설봉수여아동조생 불여아동조

死니라 要識末後句인댄 只這是니라
사 요식말후구 지저시

- 말후구(末後句)

  마지막 말. 선에서의 궁극적인 한마디.

이런 얘기가 있다.

설봉스님께서 암자에 머무실 때 어떤 스님 둘이 인사를 여쭈러 찾아왔다. 설봉스님께서 보고는 손으로 암자 문을 열어젖히고 팔을 휘저으며 나와서 물었다. "이것이 무엇인가?"

방문한 스님도 또한 여쭈었다. "이것이 무엇입니까?"

설봉스님께서 머리를 숙이고 암자로 돌아가셨다.

방문했던 스님이 후일에 암도스님 계신 곳에 이르렀다.

암도스님께서 물었다. "어느 곳에서 왔는가?"

찾아온 스님이 답하였다. "영남지방에서 왔습니다."

암도스님께서 물었다. "이미 설봉스님에게 갔었는가?"

찾아온 스님이 답하였다. "이미 갔었습니다."

암도스님께서 물었다. "어떤 말이 있었는가?"

찾아온 스님이 이전의 얘기를 말씀드렸다.

암도스님이 물었다. "그가 무엇을 말하던가?"

찾아온 스님이 답하였다. "설봉스님께서는 말씀을 하지 않고 머리를 숙이고 암자로 돌아가셨습니다."

암도스님께서 말씀하셨다. "아하, 내가 그때에 그에게 마지막 한마디를 말해 주지 않은 것이 후회스럽구나. 만약 그에게 말해주었더라면 세상 사람들이 설봉노인을 어떻게 할 수가 없었을 것이다."

　방문했던 스님이 여름안거의 끝이 되자 다시 앞의 얘기를 거론하며 가르침을 청했다.

　암도스님께서 말씀하셨다. "어째서 진즉 묻지를 않았는가?"

　가르침을 청한 스님이 말씀드렸다. "묻기가 쉽질 않았습니다."

　암도스님께서 말씀하셨다.

　"설봉스님이 비록 나와 더불어 같은 가풍에서 나왔지만, 나와 더불어 같은 방법으로 죽지는 않는다네. 마지막 한마디를 알길 바란다면 오직 이것이 그것이네."

본칙은 깨달음을 이룬 후 설봉스님이 암자에 머물고 있을 때 시작된 얘기이다.

어느 날 두 사람의 선객이 설봉스님의 소문을 듣고는 인사를 여쭙고자 찾아왔다. 설봉스님은 손수 암자의 문을 열고는 서둘러 나와서는 대뜸 "이게 무엇인가?" 하고 물었다. 찾아온 선객도 곧바로 "이게 무엇입니까?"하고 되물었다. 그러자 설봉스님은 머리를 숙이고 암자 안으로 들어가 버렸다.

이 얘기를 두고 비겼다거나 인정했다는 따위의 얘길 하면 아득히 멀 뿐이다. 다만 한마디만 해 둔다. "아하, 시절인연이 아니었구나."

이 선객들이 설봉스님의 사형인 암도스님께서 주석하시는 곳에 안거를 나기 위해 도착하여 암도스님을 뵙게 되었다. 암도스님께서는 선객들이 설봉스님이 머물고 있던 영남지방에서 온 것을 알고는 설봉스님으로부터 얻은 바가 있는지를 떠 보았다. 하지만 선객들이 설봉스님을 구경만 하고 왔음을 알았다. 바로 그때 암

도스님은 탄식을 하였다. 마치 설봉스님에게 무언가를 깨우쳐 주지 못한 듯 표현하는 암도스님의 가르침을 선객들은 전혀 알지 못했다. 두 번째 기회마저도 놓치고 있다.

　겨우 삼 개월 후쯤 이 선객들이 암도스님의 가르침에 의심을 가졌다. 마지막 한마디가 무언지를 알고 싶었던 것이다. 하지만 암도스님은 여전히 수수께끼 같은 말만 하셨다.
"같은 가지에서 나왔지만 같은 가지에서 죽지는 않는다."
　참 자상도 하시다. 여기서도 안 된다면 또 몇 겁을 기다려야 할까.

　암도스님은 참 자상하시다. 오산진에서 설봉스님을 이끌어주던 그 모습이 여기에서도 유감없이 발휘되고 있다. 다른 점이 있다면 오산진에서는 설봉을 얻었으나 여기에서는 허탕을 쳤다는 것이다. 늘 고래를 낚을 수만 있다면 얼마나 좋으랴.

송(頌)

末後句를 爲君說하노니
말 후 구　 위 군 설

明暗雙雙底時節이라
명 암 쌍 쌍 저 시 절

同條生也共相知나
동 조 생 야 공 상 지

不同條死還殊絶이로다
부 동 조 사 환 수 절

還殊絶이여
환 수 절

黃頭碧眼須甄別이로다
황 두 벽 안 수 견 별

南北東西歸去來하야
남 북 동 서 귀 거 래

夜深同看千巖雪하리라
야 심 동 간 천 암 설

마지막 한마디를 그대 위해 설하노니,
밝음과 어둠이 쌍쌍인 시절이구나.
같은 가지에 난 것은 누구나 알지만,
같은 가지에서 죽지 않음 참 뛰어나다.
참으로 뛰어남이여!
석가와 달마도 반드시 잘 분별해야 하네.
남쪽 북쪽 동쪽 서쪽 고향으로 돌아가,
깊은 밤에 일천 바위의 눈 함께 보리라.

- **공상지(共相知)** 누구나 아는 것.

- **수절(殊絕)** 남달리 뛰어나게 훌륭함.

- **황두(黃頭)** 석가모니부처님.

- **벽안(碧眼)** 달마조사님.

- **견별(甄別)** 뚜렷하게 분별함.

- **귀거래(歸去來)** 고향으로 돌아감.

송의 제1구와 제2구에서 설두선사는 "마지막 한마디를 그대 위해 설하노니, 밝음과 어둠이 쌍쌍인 시절이구나."라고 하셨다.

절대적 한마디를 과연 누가 할 수 있을까? 그 한마디를 들으면 누구나 깨달을 수 있을까? 참 어림없는 얘기이다.

여기 설두 노인네가 자청해서 매를 벌기로 한 모양이다. 이 노인네의 자비심을 헛되이 하기 싫다면 쓸데없는 분별부터 놓아버려라. 밝음과 어둠이 쌍쌍으로 어울리는 시절을 알겠는가?

송의 제3구와 제4구에서 설두 노인네는 "같은 가지에 난 것은 누구나 알지만, 같은 가지에서 죽지 않음 참 뛰어나다."라고 설파하셨다. 같은 가지에서 나온 것을 누가 모르겠는가. 하지만 같은 가지에서 죽지 않는다는 것을 알겠는가? 암두스님의 탁월함을 여실히 보여주는 한 구절이다.

설두스님은 제5구와 제6구에서 "참으로 뛰어남이여! 석가와 달마도 반드시 잘 분별해야 하네."라고 하여 주

들을 수 있을까?

[illegible] 베드에 [illegible] 난방이 되어 아직은 추워서 이런 [illegible]
[illegible] 있는 표를 [illegible] 놓으며 [illegible]

[illegible] 되리라고 [illegible] 되었다

다 그런데[illegible] 지금 [illegible]에 [illegible]를 [illegible] 풀을 [illegible]
[illegible] 이[illegible]들 에서를 등등의 [illegible]와고 이
[illegible] 어[illegible]을 수[illegible] 앉아도 돌아서 [illegible]
[illegible] 들어[illegible] [illegible]
[illegible]

[illegible]

[illegible] 그때대로 [illegible]
[illegible] 화사[illegible] [illegible] 물[illegible]의 [illegible]
그 [illegible] 이름 [illegible]
[illegible] 마음 [illegible]에서 [illegible]
마음을 [illegible]

의를 환기시켰다.

　암두스님의 이 한마디 말은 너무나 탁월해서, 부처님도 조사님도 뭐라고 입을 열기 어렵다. 그렇다고 포기해서는 안 된다. 석가도 달마도 몰라서 말을 할 수 없다고 생각하면 오산이다. 그런데도 입을 열기는 어렵다.

　송의 제7구와 제8구에서 설두선사는 "남쪽 북쪽 동쪽 서쪽 고향으로 돌아가, 깊은 밤에 일천 바위의 눈 함께 보리라."하여 길을 열어보였다. 설두 노인네의 노파심은 참 대단하다. 기어이 비밀을 누설시켜 보여주려 하였다. 동서남북 고향으로 돌아간다는 표현을 하여, 설봉스님이 머리를 숙이고 암자로 돌아간 부분과 암두스님의 '다만 이것뿐'이라는 얘기를 은근히 설명하고 있다. 그뿐인가. "깊은 밤에 일천 바위를 뒤덮은 눈을 함께 보리라"고 밝혀버렸다.

　하지만 설두 노인네는 헛수고를 한 듯하다. 첫 구절에서 깨닫지 못한 사람이 과연 마지막 구절에서 의심을 풀 수 있을까?

제52칙

조주 석교
(趙州石橋)

조주선사의
돌다리

"나귀도 건너고 말도 건너고…
누구라도 건너게 하지"

대문 앞의 사자상이나 인왕상을 보면
잔뜩 힘이 들어가 있고 겁을 주는 모습이다.
그러나 자비로운 미소 머금은 불보살의 법좌에는 오를 수 없다

조주스님(趙州, 778~897)은 종심(從諗)선사이시다. 십대에 출가하여 다른 절에 있다가 남전 보원(南泉普願)선사를 찾았다. 남전선사는 비스듬히 누운 상태로 어린 사미를 맞았다.

"어디서 왔느냐?"

"서상원(瑞像院)에서 왔습니다."

"그럼 훌륭한 상(瑞像-부처님)은 이미 보았겠구나."

"훌륭한 상은 모르겠으나 누워계신 부처님(누워계신 남전선사)은 뵈옵니다."

남전선사께서 벌떡 일어나 앉으시며 다시 물었다.

"네게 스승이 있느냐?"

"아직 일기가 찬데 스승님께서 법체 강녕하시옵니까?"

이렇게 남전스님의 제자가 되었고, 남전스님께서 입적하실 때까지 40년을 모셨다. 60세부터는 여러 곳을 다니시며 운수행각을 하시다가, 80세에 측백나무(柏樹子)가 많은 조주현 관음원 즉 현재의 백림선사(柏林禪寺)에 주석하시면서 40년 동안 후학을 지도하시었다.

본칙(本則)

擧 僧問趙州호대 久響趙州石橋러니 到
거 승문조주   구향조주석교   도

來只見略彴호이다 州云 汝只見略彴하
래지견략작   주운 여지견략작

고 且不見石橋로다 僧云 如何是石橋닛고
차불견석교   승운 여하시석교

州云 渡驢渡馬니라
주운 도려도마

- **구향(久響)**

  오래전부터 유명함. 오래된 명성. 옛날부터 유명함.

- **조주석교(趙州石橋)**

  조주선사께서 주석하셨던 관음원(현재의 백림선사)에서 30리
  쯤 떨어진 곳에 있었다고 함, 조주선사께서 생존할 당시에 천
  하의 삼석교(三石橋)라 하면 천태산(天台山)의 석교와 남악(南
  岳)의 석교 및 조주의 석교를 일컬었다고 함.

- **약작(略彴)**

  외나무다리.

이런 얘기가 있다.

어떤 스님이 조주선사께 여쭈었다.

"오래전부터 명성이 자자한 조주의 돌다리에 왔더니 그저 외나무다리만 보이는군요."

조주선사께서 말씀하셨다.

"자네가 다만 외나무다리만 봤지 또한 돌다리를 보지 못하는군."

스님이 여쭈었다.

"어떤 것이 돌다리입니까?"

조주선사께서 말씀하셨다. "나귀도 건너고 말도 건너지."

　나름 공부를 했다고 생각한 스님이 조주선사에게 공격을 가했다. "조주의 돌다리가 하도 유명하다기에 와서 봤더니 별 볼 일 없는 외나무다리에 불과하지 않습니까?" 자, 이 스님이 말한 조주의 돌다리는 무엇을 가리키는 것일까? 단순히 돌로 만든 다리에 관심이 있어서 이 스님이 조주현에 찾아왔을까? 그것이 아니라면 이 스님의 질문은 너무나 뻔하다. 얼핏 보면 조주 영감님은 조롱을 당한 셈이다.

　조주선사께서는 참으로 자비롭고 원만하시다.　전혀 윽박지르지도 않으시고 자상하게 말씀해 주신다. "자네가 제법 똑똑한 체 돌다리를 거론하며 외나무다리에 불과하다고 비아냥대지만, 자넨 돌다리를 외나무다리로만 봤지 진짜 돌다리는 보질 못하고 있네그려." 여기 외나무다리는 무엇이고 돌다리는 무엇일까? 사실 이 둘은 둘이면서 또한 하나이다.

　하지만 제법 날카롭게 공격한 듯 보였던 이 스님은 금방 백기를 들고 말았다. 그저 허풍을 쳤던 것이다. 그래서 진짜로 궁금했던 점을 여쭈었다. "그럼 큰스님께서 말씀하신 그 돌다리는 어떤 것입니까?" 그는 돌다리의 실체를 모르고 있었던 것이다.

조주선사의 막힘없는 답은 누구도 따르기 어렵다. 전광석화 같은 답인데도 늘 완벽하다. "돌다리란 나귀도 건너고 말도 건너지." 결국 그 누구라도 건너게 해주는 것이 돌다리의 진면목이라는 말씀이다. 이거야말로 자비의 극치이며 불조(佛祖)의 원력이다. 그럼 나귀는 무엇이고 말은 무엇인가?

孤危不立道方高니
고 위 불 립 도 방 고

入海還須釣巨鰲라
입 해 환 수 조 거 오

堪笑同時灌溪老여
감 소 동 시 관 계 로

解云劈箭亦徒勞로다
해 운 벽 전 역 도 로

- **고위불립(孤危不立)**

  홀로 드높아 짝이 없으나 굳이 그것을 드러내지 않음. 고고한 위세를 드러내지 않음.

- **도방고(道方高)**

  드높음을 드러내지 않지만 이미 드높은 경지.

- **감소(堪笑)**

  참 우습구나.

- **동시(同時)**

  조주선사께서 활동하던 때와 같은 시대.

- **관계로(灌溪老)**

  관계 지한화상. 임제선사의 법제자인 관계 지한(灌溪志閑, ?~895)화상은 조주선사보다 2년 앞서 입적하신 스님이시다. 위 게송의 제4구로 보아 『전등록』 제12권의 내용을 가리키고 있음을 알 수 있다. 그 내용은 다음과 같다.

  어떤 스님이 관계화상 처소에 와서 말했다.

  "오랫동안 관계(灌溪—큰 계곡)의 소문을 들었는데, 와서 보니 웅덩이만 있군요."

  "그대는 웅덩이만 보고 큰 계곡(관계)은 보지 못하는군."

  "어떤 것이 큰 계곡입니까?"

  "화살처럼 빠르게 흐르지."

홀로 드높음 내세우진 않으나 도 이제 높으니,

바다에 들어가면 도리어 꼭 큰 거북을 낚았네.

참으로 우습구나 같은 시대의 관계 노인이여,

살처럼 빠르다 할 줄 알았으나 헛된 수고였네.

설두선사는 송의 제1구와 제2구에서 "홀로 드높음 내세우진 않으나 도 이제 높으니, 바다에 들어가면 도리어 꼭 큰 거북을 낚았네."라고 하여 노숙한 조주선사의 면목을 보여주려 하였다.

조주선사의 선문답은 대개 80세 이후에 주석하셨던 조주 관음원 즉 현재의 정주 백림선사(柏林禪寺)에서 있었던 일이다. 120세까지 사셨으니, 백 세가 넘어서 있었던 일도 많을 것이다. 그래서인지는 모르겠으나 참 부드럽다. 어깨나 목에 힘주는 법이 없다. 아랫배에 힘이 들어가 있는 것도 아니다. 상대가 아무리 억세게 밀고 들어와도 그저 지나가는 말처럼 농담처럼 던지셨다. 그래서 작은 물고기나 새우 따위는 조주선사의 그 깊은 울림을 느끼지 못하고 지나친다. 누구에게나 "차 한잔하시게!(喫茶去)"라는 말씀으로 점검했으나 답한 이가 드물었고, 달마대사께서 중국에 오신 뜻을 묻는 선객에게는 "뜰 앞의 측백나무지(庭前柏樹子)."라며 바로 눈앞에 즐비한 측백나무를 가리켜 보였으나 메아리도 없었던 것이다. 늘 이런 식으로 답을

하셨으니, 너무 깊고 커서 오히려 놓치고 마는 것이었다. 하지만 조주선사의 말씀을 척 알아듣는 경지라면, 그는 이미 저 바다 밑에서 유유히 노니는 큰 바다거북 같은 존재이다.

설두 노인네는 송의 제3구와 제4구에서 "참으로 우습구나. 같은 시대의 관계 노인이여, 살처럼 빠르다 할 줄 알았으나 헛된 수고였네."라고 하여 명성이 자자했던 동시대의 선지식과 비교해 보여주었다.

설두 노인네는 조주선사가 얼마나 노련한지를 설명하기 위해 같은 시대에 사셨던 관계 지한화상(灌溪志閑和尙)을 예로 들었다. 마지막 구절의 '화살처럼 빠르다(劈箭)'고 한 말은 관계화상의 답에서 가져온 말이다.

관계선사는 임제선서의 법제자로 명성이 드높았던 인물이다. 어느 날 관계선사의 명성을 듣고 찾아온 선객이 관계선사에게 시비를 걸었다.

"세상에서는 관계의 명성이 자자하더니만, 와서 보니 그저 평범한 웅덩이에 불과하구만."

이는 관계(灌溪)라는 법호의 뜻 즉 '큰 계곡'이라는 것을 가지고 '웅덩이'로 표현함으로써, 관계화상의 대응을 보려고 한 것이었다. 그러자 관계화상이 선객을 나무랐다.

"자네는 웅덩이만 보는 안목이로군. 그래서야 어찌 '큰 계곡(관계)'을 보겠는가."

그러자 선객이 단도직입적으로 물었다.

"스님의 진짜 모습은 어떤 것입니까?(무엇이 큰 계곡입니까?)"

그러자 관계화상이 답했다.

"힘껏 당겨서 쏜 화살이 날아가는 것처럼 빠르다네."

관계화상에게 덤빈 선객은 그래도 공부라는 것을 하고 있는 기개는 보인다. 요즘 화두타파도 해 보지 않은 이들이 어찌 그리도 화두공부를 왜곡하고 폄훼(貶毁)하는지. 자신이 무슨 잘못을 범하는지 알 턱이 있나. 석가모니께서 마지막 보리수 아래에서 깨달으실 때 어떤 화두(큰 의문)를 타파했는지를 꿈에도 모르니 어쩔 수 없긴 하지.

관계화상의 답은 참 멋지다. 이렇게 답하기가 어디 쉬운가. 과연 명성이 자자할 만하지 않은가. 그런데 어째 힘이 들어간 느낌이 들까? 이렇게 힘준다고 모두를 깨닫게 하는 것이 아니다. 그런다고 도가 높아지는 것은 더더욱 아니다.

그럼 다시 조주선사의 모습을 보자.

"무엇이 조주의 진면목입니까?"

"나귀도 건너가고 말도 건너간다네."

이 영감님의 깊고 높으나 한없이 자비롭고 부드럽기만 한 답을 보라. 아, 그래서 더욱 사람들로 하여금 아득하게 만들고 있다. 잔머리 굴려서는 안 된다. 스스로 조주의 돌다리가 되지 않으면 알 수 있는 답이 아니다. 조주선사의 말 아래 깨닫는다면, 그 이후로는 천하 사람들이 그를 어쩌지 못할 것이다.

마조 야압
(馬祖野鴨)

마조선사의
들오리

"궁극의 진리 깨달으면
찰나마다 자유자재 하리라다"

새가 되지도 말고,
새를 구경하느라 구덩이에 떨어지지도 말라!

궁극적인 진리는 어디에나 있다. 그러므로 그것은 어느 한 곳에만 감춰져 있을 수 없는 것이다. 그것은 조금씩 이해할 수 있는 성질의 것도 아니고, 조금씩 그 모습을 볼 수 있는 것도 아니다. 보면 온전하게 전체를 보고, 보지 못했다면 완전히 보지 못하는 것이다. 만약 보지 못했다고 하더라도 감춰져 있어서가 아니다. 다만 스스로가 볼 수 있는 경지에 이르지 못했을 뿐이고, 그때도 온전히 드러나 있는 것임을 잊어서는 안 된다.

궁극적인 진리를 깨달은 사람이라면 찰나마다 만나는 그 모든 상황에 자유자재하다. 어떤 경우라도 끌려다니지 않고 괴로움에 떨어지지 않는다. 깨달은 선지식의 말은 사사로운 계산이나 분별을 넘어서 있다. 그렇기 때문에 어느 누구에게라도 상대가 마음을 열 준비가 되었다면, 그가 가진 망상을 부숴버리고 해탈의 길로 이끌어 준다.

마조 도일(馬祖道一, 709~788)선사는 육조 혜능대사의 수제자라고 일컬어지는 남악 회양(南岳懷讓)선사의 법을 이었는데, 특이하게도 속성인 마(馬)씨에

다 조사(祖師)라는 칭호를 붙여 마조(馬祖)라는 존칭
을 썼다. 백장(百丈)선사, 남전(南泉)선사, 대매(大梅)
선사 등이 모두 제자이다. 혜능-마조-백장-황벽-임
제로 이어지는 계보가 워낙 걸출하여 임제종을 이루게
되고, 중국 선종하면 바로 임제종을 떠올릴 만큼 수많
은 선승을 배출하였다. 무조건 앉아서 좌선만을 하는
마조스님을 깨닫게 하기 위해 남악 회양선사께서 곁
에서 기와를 갈았다. "무얼 하시는 것입니까?" "거울
을 만들려 한다." "기와를 간다고 어찌 거울이 되겠습
니까?" "앉아만 있으면 부처가 되겠느냐?" "어찌 해야
합니까?" "소가 끄는 수레를 가게 하려면 채찍으로 수
레를 치겠느냐 아니면 소를 치겠느냐?" 이 말 끝에 크
게 깨닫는 바가 있어서 회양선사의 수제자가 되었다.
  '언제나 평정한 상태가 유지되는 마음이 곧 도이다'
라는 뜻의 '평상심시도(平常心是道)'는 마조선사의 법
문 중 가장 많이 알려진 것이라고 할 수 있다.
  흔히 '마조록(馬祖錄)'이라고 일컬어지는 『어록(語
錄)』1권이 있다.

　백장 회해(百丈懷海, 749~814)선사는 마조 도일선사(馬祖道一禪師)의 법제자이다. 회해선사에게 귀의한 사람들이 강서성(江西省) 홍주(洪州)의 대웅산(大雄山)에 대지성수선사(大智聖壽禪寺)를 세워드리니, 그곳에서 후학을 지도하셨다. 대웅산은 높고 험준하여 일명 백장산(百丈山)으로 불리기도 했는데, 그 이름을 따서 백장선사라고 존칭하게 되었다.

　회해선사는 이곳에서 선원의 자세한 규칙을 제정하여 시행하였는데, 그것이 유명한 백장청규(百丈淸規)이다. 선사는 말년에도 계속 대중과 함께 작업을 하셨는데, 좀 쉬게 해 드리려고 농기구를 감췄더니 그날 공양을 드시지 않으셨다. 바로 유명한 '하루 일하지 않으면 하루 먹지 않는다.'는 일일부작 일일불식(一日不作 一日不食)을 몸소 보여주신 것이다.

　선사의 제자로서는 중국 선종에 우뚝한 위산 영우(潙山靈祐)선사와 황벽 희운(黃檗希運)선사 등이 있다.

擧 馬大師與百丈行次에 見野鴨子飛
거 마 대 사 여 백 장 행 차   견 야 압 자 비

過하고 大師云 是什麼오 丈云 野鴨子니다
과   대 사 운 시 십 마   장 운 야 압 자

大師云 什麼處去也오 丈云 飛過去也니
대 사 운 십 마 처 거 야   장 운 비 과 거 야

다 大師遂扭百丈鼻頭하니 丈作忍痛聲이
  대 사 수 뉴 백 장 비 두   장 작 인 통 성

어늘 大師云 何曾飛去오
   대 사 운 하 증 비 거

- **인통성(忍痛聲)**

  아픔을 참는 소리. 즉 아픔을 참지 못하고 내는 비명이라는 뜻
  이 됨.

이런 얘기가 있다.

마조대사께서 백장과 더불어 길을 가다가 들오리가 날아 지나가는 것을 보셨다.

마조대사께서 말씀하셨다. "저것이 무엇이냐?"

백장이 말씀드렸다. "들오리입니다."

마조대사께서 말씀하셨다. "어느 곳으로 갔느냐?"

백장이 말씀드렸다. "날아가 버렸습니다."

마조대사께서 마침내 백장의 콧대를 잡아 비트셨다. 백장이 아픔을 참지 못하고 비명을 질렀다.

마조대사께서 말씀하셨다. "어째서 날아갔다고 했느냐?"

 마음공부는 시간을 정해 놓고 하는 것이 아니다. 선지식의 시험은 어떤 규정을 정해 놓고 일정한 시간에 시험을 치듯이 하는 것이 아니다. 마음의 상태는 늘 드러나는 법이다. 그러니 포장된 마음 따위는 통하지 않는다. 성지순례를 하려면 인도를 가도 좋겠지만, 부처를 만나고자 한다면 유적지를 돌아다니자 말라. 하긴 어디서라도 부처와 함께 노닐 수 있는 이라면 무슨 상관 있겠는가마는.

 마조대사께서 들오리를 몰랐을까? 날아가 버린 것을 몰라서 물었을까? 백장은 스승 마조대사의 함정에 떨어져 버렸다. 스승의 한마디에 들오리가 되어 멀리 끌려가고 말았다. 만약 백장의 공부가 시원찮았다면 마조대사는 그저 산책이나 했을 것이다. 그래도 그만한 그릇이 된다고 봤고, 때가 되었다고 생각했기에 함정을 팠던 것이다. 스승의 시험에 올랐다는 것은 얼마나 행운인지 체험한 이들은 모두 안다.

 마조대사의 자비심은 대단하다. 친히 손을 잡아 이끌어주셨다. 저 멀리로 날아간 들오리를 쫓아 헤매는 백

장을 찰나에 돌아오게 하였다. "아야!" 이것은 들오리
가 낸 소리도 아니고, 마조대사의 설명도 아니다.

송(松)

[illegible]

[illegible]

[illegible]

[illegible]

[illegible]

율곡(栗谷)
이이

野鴨子여 知何許오
야 압 자　지 하 허

馬祖見來相共語로다
마 조 견 래 상 공 어

話盡山雲海月情이나
화 진 산 운 해 월 정

依前不會還飛去로다
의 전 불 회 환 비 거

欲飛去에 却把住여
욕 비 거　각 파 주

道, 道하라
도　도

- 하허(何許)

　어느 곳.

들오리여! 어디에 있는지 알겠는가?
마조대사 보고 서로 함께 말했도다.
산 구름과 바다의 달 정취를 다 말했건만,
여전히 알지 못해 도리어 날아갔다 하네.
날아가려 하다가 도리어 붙잡혔구나.
말해라, 말해!

　설두 노인네는 송의 제1구와 제2구에서 "들오리여! 어디에 있는지 알겠는가? 마조대사 보고 서로 함께 말했도다."라고 하여 스승과 제자가 함께한 곳을 지적해 보였다.

　마조대사께서 제자 백장의 현재를 점검하셨다. 바로 눈앞에 날아가는 들오리를 보게 되었으니 참으로 좋은 시험꺼리가 생겼던 것이다. 대사의 예측대로 백장은 아직 정신을 차리지 못한 상태였다. 마조 노인이 "무엇이냐?" "어디로 갔느냐?"고 자비로운 방편을 두 번이나 펼쳤으나, 백장은 그저 헛소리만 하고 있었다. "들오리입니다" "날아가 버렸습니다."고 했으니, 느닷없이 들오리만 부각되고 말았다.

　설두선사는 제3구와 제4구에서 "산 구름과 바다의 달 정취를 다 말했건만, 여전히 알지 못해 도리어 날아갔다 하네."하여 아직 벽을 뚫지 못한 백장의 경계를 드러내 보였다.

　세상 사람들 늘 엉뚱한 곳을 보며 남의 살림 평가하

면서 아주 영리한 줄 안다. 남 비난하는 이는 밤낮으로 비난하기에 바쁘고, 바깥경계 분석하는 이는 늘 자로 재고 저울에 다느라 정신이 없다. 그러고 있는 자기의 살림살이는 어떤고? 이처럼 가만 두어도 스스로 속는데, 누군들 마조 영감님의 기막힌 함정을 쉽게 피할 수 있었겠는가. 하지만 이것은 오히려 자비로운 함정이라고 해야 마땅할 것이다. 마조 영감께는 함정에 빠진 백장을 구해 낼 특단의 비법이 있었기 때문이다.

설두스님은 다시 노파심이 발동하여 되짚어 주신다. "날아가려 하다가 도리어 붙잡혔구나. 말해라, 말해!" 이런데도 다른 곳에 정신이 팔려 있다면 참으로 아득하다.

백장이 어설픈 사람과 동행하고 있었다면 들오리 따라 정처 없이 고개를 넘어 구천을 떠도는 고혼(孤魂)이 되었을지도 모른다. 하지만 참으로 다행히도 천하의 마조 영감님과 같이 있었던 것이다. 마조스님은 절묘한 한 수로 백장의 혼백을 되돌려 놓았다. 자! 이젠 말해 보라. 아직도 날아갔다고 말할 것인가?

이 글을 보는 이들 가운데도 마조선사와 백장에게 시
선을 빼앗겨 자신이 어디에 서 있는지를 잊어버리는
이가 있겠지. 쯧쯧!

제54칙

운문 전수
(雲門展手)

운문선사가
손을 펴 보임

“어설픈 솜씨 뽐내려다
걸리면 살아나기 어려운 법”

운문산 대각선사(운문사)의 탑이
비록 높긴 하지만 운문선사와는 견줄 수 없다.
그럼 얼마나 높을까? 고개 젖히지 말 것!

강설(講說)

사람들은 나고 죽는 문제에 얽매여 있다. 나고 죽는 문제란 꼭 태어남과 죽음의 순간을 말하는 것이 아니라 생사윤회의 고통에 매여 있다는 뜻이다. 생사윤회란 해탈하지 못한 상태로 여러 생을 되풀이하며 괴로움을 받는 것이기도 하지만, 끝없이 일어났다가 사라지는 자신의 감정이나 생각 따위에 끌려다니며 괴로워하는 어리석은 삶을 가리키기도 한다.

열심히 정진하면 이런 문제로부터 자유로워지는 경지가 나타나며, 조사님들이 시험하기 위해 만들어 놓은 관문을 거침없이 통과하게 된다. 그런 사람은 무쇠 같은 번뇌도 단번에 잘라버리고, 못처럼 깊게 박힌 나쁜 견해도 찰나에 베어버린다. 이 경지에 이른 사람은 천지간에 거칠 것 없는 자유자재한 사람인 것이다.

과연 어떤 사람이 이런 삶을 살았을까? 다음 본칙을 보면 알 수 있을 것이다.

운문 문언(雲門文偃, 864~949) 선사는 설봉선사의 법제자이다.

가난한 집안 사정 때문에 어릴 때 공왕사(空王寺) 지
징율사(志澄律師)의 제자가 되어 율장에 대한 공부를
열심히 하였으나, 불법에 대한 목마름을 해결할 수 없
자 황벽(黃檗)선사의 제자인 목주(睦州)선사를 찾아가
가르침을 청했다. 목주스님은 그를 보자마자 문을 닫
아 버렸다. 문언스님이 열심히 문을 두드리자 목주스
님이 물었다.

"넌 누구냐?" "문언입니다." "무얼 원하느냐?" "참 성
품을 깨닫고자 가르침을 받으려 합니다."

목주스님이 문을 열고 힐끗 보고는 문을 닫아 버렸
다. 문언스님이 이틀간 계속 청했으나 거절당하다가
사흘째 문을 열어 주자 곧바로 문안으로 발을 들여 놓
았다. 목주스님이 멱살을 잡고 "말해! 빨리 말해!" 라
고 재촉하는데, 문언스님이 잠깐 머뭇거리는 사이 밀
어내며 세차게 문을 닫았다. 그 바람에 미처 나오지 못
한 문언스님의 한쪽 발목이 부러져 버렸다. 그 순간 시
원한 경계를 맛보았다.

이윽고 목주스님의 소개로 설봉스님을 찾아가게 되
었는데, 설봉스님이 주석하시는 산 아래에서 한 스님

을 만나 부탁을 했다. "설봉스님이 법문을 하러 법당에 들어올 때 '불쌍한 늙은이여, 어찌 목에 걸린 칼을 벗지 않으시오!'라고 말해 보시오." 그 스님이 시킨 대로 하자 설봉스님이 멱살을 잡고 다그쳤다. "말해! 빨리 말해!" 그 스님이 아무 말도 못하자, "누구의 말이냐?"고 다시 물었다. 전후 사정을 들은 설봉스님은 대중을 보내 문언스님을 데려와 제자로 삼았다.

운문스님이 설봉스님께 여쭈었다.

"무엇이 부처입니까?" "잠꼬대하지 마라!"

운문은 예배하고 물러나 줄곧 삼 년을 지냈는데, 그러던 어느 날 설봉스님이 불러 물었다.

"자네 요즘 생활이 어떤가?"

"예전의 모든 성현들과 더불어 하나도 다르지 않습니다."

훗날 운문산에 30여 년 머물며 지도하였고, 그로 인해 운문선사라 한다.

본칙(本則)

擧 雲門이 問僧호대 近離甚處오 僧云 西
거 운문　 문승　　근리심처　 승운 서

禪이니다 門云 西禪이 近日有何言句오 僧
선　　　 문운 서선　 근일유하언구　 승

이 展兩手하니 門이 打一掌이라 僧云 某甲
　 전양수　　 문　 타일장　　 승운 모갑

話在니다 門이 却展兩手하니 僧이 無語라
화재　　 문　 각전양수　　 승　 무어

門이 便打하다
문　 변타

- 서선(西禪)

  남전 보원선사(南泉普願禪師)의 제자인 소주(蘇州)의 서선화

  상(西禪和尙).

이런 얘기가 있다.

운문선사께서 어떤 스님에게 물었다. "요사이 어느 곳을 떠나왔는가?"

그 스님이 답하였다. "서선화상 계신 곳입니다."

운문선사께서 물었다. "서선화상은 요즘 무슨 법문을 하시던가?"

그 스님이 두 손을 폈다.

운문선사께서 그 스님을 한 대 치셨다.

그 스님이 말했다. "제게 할 말이 있습니다."

운문선사께서 반대로 두 손을 펴셨다.

그 스님이 말을 하지 못하자 운문선사께서 곧바로 치셨다.

'어느 곳에서 왔느냐?'고 묻는 것은 그냥 단순히 온 곳을 묻는 것처럼 보이지만, 선사들이 상대를 간파하기 위해 흔히 쓰는 수단이다. 선객은 평범하게 자신이 머물다가 온 서선화상의 처소(西禪寺)를 솔직히 말하고 있다. 이에 운문선사께서 '요즘 서선화상이 어떤 법문을 하더냐?'고 물었다. 선객도 참구한 지 제법 되었던지 비장의 묘수를 펼쳤다. 말없이 두 손을 불쑥 펼쳐 보인 것이다. 어떤 말보다도 더 강력한 공격이었다. 이보다 더 멋진 답을 하기도 어려울 것이다. 하지만 운문선사의 질문에 자기도 모르게 끌려들어 간 줄을 미처 몰랐다.

상대는 천하의 운문선사였다. 바깥에 정신 팔린 선객을 그대로 후려쳐 버렸다. 다급히 할 말이 있다고 외치는 선객에게 운문선사는 곧바로 상대의 칼(상대가 쓴 수단)을 빼앗아 목을 겨누었다. 안타깝게도 이 선객에게는 운문선사에게서 칼을 빼앗을 능력이 없었다. 그 짧은 순간의 기회를 놓치고 말았으니 살기 어렵게 되었다. 아니나 다를까 운문선사는 선객의 목을 치고 말았다. '철썩!'

송(頌)

虎頭虎尾一時收하니
호 두 호 미 일 시 수

凜凜威風四百州로다
늠 름 위 풍 사 백 주

却問不知何太嶮고
각 문 부 지 하 태 험

〈師云 放過一着이로다〉
　사 운 방 과 일 착

- 사백주(四百州)

　온 천하.

호랑이 머리와 호랑이 꼬리를 일시에 잡으니
늠름하고 위엄 있는 풍모 온 천하에 떨쳤도다.
다시 묻노니 얼마나 험준한지 몰랐단 말인가?

설두선사께서 말씀하셨다. "한번 그냥 지나
치려 한다."

강설(講說)

설두선사께서 제1구와 제2구에서 "호랑이 머리와 호랑이 꼬리를 일시에 잡으니, 늠름하고 위엄 있는 풍모 온 천하에 떨쳤도다."라고 운문선사의 지도법을 칭찬하고 있다.

운문선사는 호랑이처럼 달려드는 선객의 머리를 단숨에 움켜쥐었고, 다시 퇴로까지 완전히 차단해 버렸다. 어설픈 솜씨를 뽐내려다가 운문선사에게 걸리면 모두 그처럼 살아나기 어렵다. 천하를 통틀어 그를 대적할 사람이 과연 몇이나 되겠는가.

운문선사는 가끔 독설가처럼도 말씀하셨는데, 그 대표적인 것이 부처님 탄생게에 대한 법문이다.

운문선사가 법상에 올라 법문을 하시며 말씀하셨다. "싯다르타가 태어나 사방 일곱 걸음을 걷고는 '이 우주 법계에 내가 오직 존귀하다'고 하였는데, 그때 내가 있었다면 몽둥이로 쳐 죽여 개에게나 던져 주어 세상을 시끄럽지 않게 했을 것이다."

이때 운문선사의 몽둥이가 누굴 향하고 있는지를 모

르면 부처님과 운문선사와 자신을 욕되게 하고 만다. 적어도 운문선사의 몽둥이를 빼앗아 운문선사를 칠 수 있어야 할 것이다. 그렇지 않으면 맞아 죽는다.

설두 노인네는 제3구에서 운문선사의 경지에 대해 다음과 같이 대중들의 주의를 환기시켰다. "다시 묻노니 얼마나 험준한지 몰랐단 말인가?" 그러고는 제4구에서 슬쩍 발뺌을 하셨다. "한번 그냥 지나치려 한다."

운문선사는 발목이 부러지면서 한 경계를 넘었던 분이었고, 설봉스님의 모진 단련을 받았던 분이다. 보여주는 경계마다 너무나 험준하여, 누구라도 감히 덤빌 엄두를 내지 못했던 선사였던 것이다. 자, 만나본 소감이 어떤가?

설두선사께서는 대중들에게 본칙을 통해 운문선사를 얼마나 정확히 파악했는지를 묻고 있다. 그래서 자신이 답을 하지 않고 슬쩍 지나치는 것처럼 꾸몄다.
선문답에서는 자상한 해설을 들으려 해서는 안 된다.

너무 자세히 설명을 해서 자신이 의심할 수 없게 만들어버린 선문답 해설서는 독(毒)이 된다. 잘못하면 번뇌 망상만 잔뜩 거머쥐게 된다. 오직 스스로 답을 찾아야 자기 살림이 된다. 그래서 선문답을 풀이해도 마지막 의심처를 남겨 두어야만 하는 것이다.

도오 부도
(道吾不道)

도오선사의
말할 수 없음

> "터럭 하나 없지만
> 온 천지 갖가지 모습 드러내고…"

제22회

도불 습유
(道不拾遺)

도불원사의
맏딸 수없을

「…그러서 반상이며 음식이…
…녀자 앉아서 먹더라」

인도 쿠시나가라의 부처님열반당과 사리탑.
열반이 이런 모양일까?

말이 끊어진 바로 그 자리에서 참된 모습을 보게 되면, 이제 차별로 인한 취사선택을 넘어서서 모든 것을 받아들인다. 바로 참된 평등에 이르게 된 것이다. 머리로 헤아리고 분별해서는 결코 도달할 수 없는 경지이다.

일반적으로는 오래 생각하고 깊게 생각하면 모든 것을 잘 처리할 것이라고 한다. 과연 그러할까? 하지만 참된 모습이란 그렇게 보는 것이 아니다. 생각이 많을수록 군더더기가 많이 붙게 되고, 그럴수록 본래 모습과는 어긋나 버린다. 실상을 본 경지에서는 생각할 필요가 없다. 그냥 보이기 때문이다. 이 경지에서는 모든 것을 완벽하게 파악하고 장악한다. 이 경지에 이르면 어느 누구도 그를 어쩌지 못한다.

하지만 오직 그것만이 전부는 아니다. 절대의 본질에 서야 그 어떤 길도 인정할 수 없지만, 포용하고 활용하여 받아들이는 입장에서는 언제나 길을 열어 상대가 그 길을 보게 한다. 이것이 평등의 또 다른 모습이기 때문이다.

　도오 원지(道吾圓智, 769~835)화상은 당대(唐代) 스님으로 『오등회원(五燈會元)』에는 종지(宗智)화상으로 되어 있다. 강서성(江西省) 출신으로, 어려서 열반화상 문하로 출가하였다. 뒷날 약산(藥山)에 머물면서 정진하여, 약산 유엄선사(藥山惟儼禪師)의 법제자가 되었다. 이후 여러 곳을 행각하다가 호남성(湖南省) 담주(潭州)의 도오산(道吾山)에 머물며 선풍을 크게 일으켰다.

　점원 중흥화상은 스승 도오화상과 장례식에 참석하여 스승의 생사인연 법문을 듣고는 3년 동안 산속에 은거하여 정진하였다. 어느 날 동자가 『관음경』 독송하는 것을 듣고 문득 깨달았다. 이후 담주(潭州)의 점원(漸源)에 머물면서 지도를 하였다.

　석상 경저화상(807~887)은 강서성 길주 출신으로 13세에 서산 소감(西山紹鑑)화상에게 출가하였다. 23세에는 영은 숭악(靈隱嵩嶽)화상으로부터 계를 받고 계율을 배웠다. 뒤에 도오 원지화상을 모시고 공부하여 법제자가 되었다. 석상산(石霜山)에 20년간 머물며 후학을 지도하였다.

태원 부상좌는 당말 스님이다. 설봉선사(雪峰禪師)의
법제자이지만 은둔의 생활을 하였기에 자세한 기록이
없다.

본칙(本則)

擧 道吾與漸源으로 至一家弔慰러니 源이
거 도 오 여 점 원　　지 일 가 조 위　　　원

拍棺云 生也아 死也아 吾云 生也不道하
박 관 운 생 야　 사 야　 오 운 생 야 부 도

고 死也不道하리라 源云 爲什麼不道닛고
　 사 야 부 도　　　원 운 위 십 마 부 도

吾云 不道不道하리라
오 운 부 도 부 도

回至中路하야 源云 和尙은 快與某甲道
회 지 중 로　　 원 운 화 상　 쾌 여 모 갑 도

하소서 若不道인댄 打和尙去也리다 吾云
　　　 약 부 도　　 타 화 상 거 야　　 오 운

打卽任打어니와 道卽不道하리라 源이 便打
타 즉 임 타　　　 도 즉 부 도　　　원　 변 타

하다

後道吾遷化라 源到石霜하야 擧似前話하
후 도 오 천 화　 원 도 석 상　　 거 사 전 화

니 霜云 生也不道하고 死也不道하리라 源
　 상 운 생 야 부 도　　 사 야 부 도　　　원

云 爲什麼不道닛고 霜云 不道不道하리라
운 위십마부도　　상운 부도부도

하니 源이 於言下에 有省하다
원　어언하　유성

源이 一日에 將鍬子하고 於法堂上에 從東
원　일일　장초자　　어법당상　종동

過西하며 從西過東이어늘 霜云 作什麼오
과서　　종서과동　　상운 작십마

源云 覓先師靈骨이니다 霜云 洪波浩渺
원운 멱선사령골　　상운 홍파호묘

하고 白浪滔天이어늘 覓什麼先師靈骨고
백랑도천　　멱십마선사령골

〈雪竇着語云 蒼天 蒼天이로다〉
설두착어운 창천 창천

源云 正好著力이니다
원운 정호저력

太原孚云 先師靈骨이 猶在니라
태원부운 선사령골　유재

- **천화(遷化)**

  입적(入寂). 돌아가심.

- **거사(擧似)**

  얘기 등을 그대로 들려줌.

- **초자(鍬子)**

  가래. 삽.

- **영골(靈骨)**

  사리(舍利).

- **호묘(浩渺)**

  넓고 아득함.

- **창천(蒼天)**

  비통함을 나타내는 말. 아, 슬프구나! 아이고!

- **정호저력(正好著力)**

  바로(正) 잘(好) 드러내기 위해(著) 애씀(力).

이런 얘기가 있다.

도오화상이 점원상좌와 더불어 어느 집에 이르러 조문을 하는데, 점원상좌가 관을 치면서 물었다. "살았습니까? 죽었습니까?"

도오화상이 답하였다. "살았다고도 말하지 않겠고 죽었다고도 말하지 않겠다."

점원상좌가 물었다. "어째서 말하지 않겠다고 하십니까?"

도오화상이 답하였다. "말하지 않겠다. 말하지 않겠다."

돌아오다가 중간쯤에 이르러 점원상좌가 말했다. "스님께서는 저에게 빨리 말씀해 주십시오. 만약 말씀하시지 않으시면 스님을 치겠습니다."

도오화상이 답하였다. "치려면 마음대로 쳐라. 말하라면 말하지 않겠다."

점원상좌가 바로 쳤다.

뒤에 도오화상이 입적하시고 점원스님이 (사형인) 석상스님 주석하는 곳에 이르러 앞의 애기를 그대로 들려주었다.

석상스님이 말했다. "살았다고도 말하지 않겠고 죽었다고도 말하지 않겠다."

점원스님이 물었다. "어째서 말하지 않겠다고 하십니까?"

석상스님이 답하였다. "말하지 않겠다. 말하지 않겠다."

점원스님이 이 말 끝에 깨우침이 있었다.

점원스님이 어느 날 법당에서 삽을 들고 동쪽에서 서쪽으로 가고 서쪽에서 동쪽으로 갔다.

석상스님이 물었다. "뭘 하는가?"

점원스님이 답하였다. "스승님의 사리를 찾습니다."

석상스님이 물었다. "큰 파도가 넓고 아득하며 흰 물결이 하늘에 넘치거늘, 무엇 때문에 스승님의 사리를 찾는가?"

〈설두화상이 촌평해 말하였다."아이고! 아이고!"〉

점원스님이 답하였다. "(스승님의 가르침을) 바로 잘 드러내기 위해서 애쓰고 있습니다."

(뒷날) 태원 부상좌가 말했다. "선사의 사리가 그대로 있구나."

소묘(素描)

여기 참 멋진 얘기가 있다. 스승 도오선사와 제자 점원이 생사의 문제를 두고 한 치의 양보가 없는 줄다리기를 하고 있다.

관을 두드리며 제자가 묻는다. "살았습니까, 아니면 죽었습니까?"

비록 석가모니 이래로 늘 생사문제를 다루었지만, 이처럼 덤빈 경우도 드물다. 하지만 바위를 안은 채로 하늘을 날려고 시도한 셈이다.

스승은 그 바위를 내려놓게 하려고 애를 쓰셨다. "살았다고도 죽었다고도 말하지 않겠다." 그러고는 제자가 때리는 것까지 고스란히 맞아준다. 그래도 제자는 스승의 자비가 얼마나 깊은 줄을 모르니 안타깝다. 그렇게 깨닫지 못하고 스승은 입적했다.

여전히 문제를 풀지 못한 점원상좌는 이번엔 사형을 찾아가서 이 문제를 거론했다. 사형 또한 자비롭다. "살았다고도 죽었다고도 말하지 않겠다."

점원이 어째서 말하지 않겠다고만 하느냐고 다그쳤

지만, "말하지 않겠다."만 되풀이했다. 점원스님이 그 동안 허송세월만 했던 것은 아니었나 보다. 스승과 똑같은 말만 되풀이한 사형의 답을 듣고 깨달았다. 스스로가 달라져 있었던 것이다.

　점원스님은 스승의 은혜를 뼛속 깊이 느꼈을 것이다. 그래서 은혜를 갚는 퍼포먼스를 했다. 삽(가래)을 들고 사리를 찾는 시늉을 한 것이다. 자기에게 베풀어준 스승의 은혜로부터 완전히 벗어나는 시점이다.
　사형 석상스님은 그런 사제의 행위가 못마땅했던 모양이다. 깨달았으면 되었지 참 쓸데없는 행동하고 있구나 하고 나무란 것이다. 하지만 이 말도 사족처럼 들린다. 하지 않았어도 좋았을 것이다.
　설두 노인네가 곡을 했다. "아이고! 아이고!" 설두 노인의 곡은 누굴 향한 것일까?
　부상좌도 노파심이 간절했던 모양이다. "사리가 여전히 있구나." 후학들을 위해 스스로 매를 벌고 있다.

송(頌)

兎馬有角이요 牛羊無角이로다
토 마 유 각　　 우 양 무 각

絶毫絶釐나 如山如嶽이로다
절 호 절 리　　 여 산 여 악

黃金靈骨今猶在라
황 금 영 골 금 유 재

白浪滔天何處著고
백 랑 도 천 하 처 착

無處著이라
무 처 착

隻履西歸曾失却이로다
척 리 서 귀 증 실 각

- **척리(隻履)**

  외짝 신. 달마대사께서 입적하시어 웅이산(熊耳山)에 묻었으
  나, 인도에 다녀오던 사신이 파미르고원에서 신 한 짝을 지팡
  이 끝에 매달고 인도로 돌아가시던 달마대사를 만났다는 얘기
  를 가리킴.

　토끼와 말은 뿔이 있고, 소와 양은 뿔이 없구나.

　터럭 끊고 솜털 끊지만, 산 같고 큰 뫼 같구나.

　황금 사리 지금 그대로 있음이라.

　흰 물결 하늘에 넘치거늘 어디서 찾으랴.

　찾을 곳 없음이여. 외짝 신으로 서쪽으로 갈 때 이미 잃고 말았네.

송(頌)

토끼와 말은 뿔이 있고,

소와 양은 뿔이 없구나.

강설(講說)

있다거나 없다거나 하며 따지는 것은 그저 한순간의 현상일 뿐이다. 사람들은 찰나를 보느라고 전체를 놓치고 만다. 깨달음의 경계를 현상적인 있음과 없음으로 나누어 보려고 하면 문득 두 눈을 잃고 말 것이다.

송(頌)

터럭 끊고 솜털 끊지만,

산 같고 큰 뫼 같구나.

강설(講說)

근본의 자리로 말하자면 터럭 하나도 없지만, 또한 그것이 온 천지에 갖가지 모습으로 드러나 있지 않은가.

송(頌)

황금 사리 지금 그대로 있음이라.

흰 물결 하늘에 넘치거늘 어디서 찾으랴.

강설(講說)

진여의 세계가 언제 생기고 없어지는 것이던가. 찾지 않아도 없어지는 것이 아니다. 이미 천지에 가득하거늘 그것을 다시 찾는다는 것이 또한 우습지 않은가.

송(頌)

찾을 곳 없음이여.

외짝 신으로 서쪽으로 갈 때 이미 잃고 말았네.

강설(講說)

물속에 있으면서 물을 찾는다는 것은 웃기는 일이다. 한 주먹 움켜쥐고 이것이 공기라고 외치면 이미 그르쳤다. 그래서 찾을 수 없다고 했다. 만약 달마대사가 외짝 신을 들고 파미르고원을 넘어갔다고 한다면 이미 어긋나 버렸다. 법은 다시 말할 것도 없다.

제56칙

흠산 일촉
(欽山一鏃)

흠산선사의
화살 한 대

"단번에 모든 관문?
어디 나부터 한번 통과해 보게나"

어디 마음이 죄에 울쳐워 주세요

「죄에 보를 버려」

비오는 밤 개화사 마당에 비친 연등의 그림자.
아름답긴 하지만 진짜는 아니다.

강설(講說)

수많은 경전에서는 부처님께서 세상에 출현하시어 진리를 가르쳐 주셨다고 애기하고 있으며, 또한 어록마다 달마대사께서 중국으로 건너오시어 마음으로 마음에 전하는 특별한 선(禪)을 전해 주셨다고 적고 있다. 그렇지만 이것은 어디까지나 낮은 경계의 설명일 뿐이다. 근본적 경지에서는 부처가 출현하는 일이 있을 수 없고, 진리를 가르칠 수도 없는 것이다. 달마대사도 또한 오는 것이 불가능하고, 선(禪)을 전할 수 없는 것이다.

그렇다고 착각하지 말라. 석존이 모습을 보이기 전과 후는 엄연히 다르며, 달마조사가 오기 전과 후는 분명 차이가 있다.

사람들은 근본을 깨닫지 못하기에 경전을 보고 공안을 챙기며 깨닫고자 하지만 부질없는 일이다. 만일 그것으로 될 일이었다면 석존이 45년간 애를 썼겠으며, 달마조사가 그 험한 길을 건넜겠는가.

자, 여기 보고 듣고 말하고 다 안다고 생각하지만, 그 중에 보지도 듣지도 말하지도 알지도 못하는 '바로 그

것'은 어디에서 찾는단 말인가?

흠산 문수(欽山文邃)화상은 당대(唐代)의 선승으로 복주(福州) 출신이다. 대자 환중(大慈寰中)화상을 은사로 출가하였으며, 덕산 선감(德山宣鑑, 782~865)선사와 동산 양개(洞山良价)선사에게 지도 받았다. 동산 선사의 법을 이었으며, 예주(澧州)의 흠산(欽山)에 주석하였다. 암두(巖頭)화상, 설봉(雪峰)화상과 절친한 관계로 셋이 잘 어울려 다녔다고 한다. 생몰연대는 밝혀진 바가 없다.

량선객(良禪客)은 거량(巨良)이라는 선객으로 나중에 선승(禪僧)이 되었다고 한다.

본칙(本則)

擧 良禪客이 問欽山호대 一鏃破三關時
거 량선객 문흠산   일촉파삼관시

如何닛고 山云 放出關中主看하라 良云
여하   산운 방출관중주간   량운

恁麽則知過必改니다 山云 更待何時오
임마즉지과필개   산운 갱대하시

良云 好箭放이나 不著所在로다하고 便出하
량운 호전방   불착소재   변출

거늘 山云 且來闍黎여 良이 回首라 山이 把
    산운 차래사리 량 회수 산 파

住云 一鏃破三關은 卽且止하고 試與欽
주운 일촉파삼관 즉차지   시여흠

山發箭看하라 良이 擬議어늘 山打七棒云
산발전간   량 의의   산타칠방운

且聽這漢疑三十年하라
차청저한의삼십년

기원(日本)

峯은 奇絶이오 一溪流는 三峽間에 [illegible]

如何히 山도 죠코 水도 죠흔 中間 主人 [illegible] 夏云

[illegible] 關係이며 山 [illegible] 更 [illegible] 山에 [illegible]

身은 [illegible] 不著 [illegible] 沒出이 [illegible]

[illegible] 且夫間關이 見이 回首 [illegible] 山이오

自大 一致 [illegible] 間三 [illegible] 且上이라 [illegible]

山影 [illegible] 見이 興趣에 [illegible] 子樹大 [illegible]

旦謠正變美三十五年이다

- **차래(且來)**

  잠깐 기다려라. 잠깐 오라.

- **파주(把住)**

  멱살을 움켜잡다.

- **사리(闍黎)**

  '도려'로 읽을 수도 있지만 '아사리(阿闍梨)'의 준말인 '사리'로 읽는 것이 옳음. 아사리는 '스승, 대사, 스님'의 뜻.

- **의의(擬議)**

  주저하다. 망설이다.

- **차청(且聽)**

  또 기다리다.

이런 얘기가 있다.

량선객이 흠산선사께 여쭈었다. "한 화살로 세 관문을 부쉈을 때는 어떻습니까?

흠산선사께서 답하셨다. "관문 안의 주인을 내놓아 보여라."

량선객이 말씀드렸다. "그러고 보니 맞히질 못했음을 알겠습니다. 다시 쏘겠습니다."

흠산선사께서 말씀하셨다. "다시 어느 때를 기다리는가?"

량선객이 말씀드렸다. "화살은 잘 쏘셨으나 있어야 할 곳에(맞힐 곳에) 이르지를 못했군요."하고는 곧바로 나가려 하였다.

흠산선사께서 말씀하셨다. "잠깐 오게, 대사."

량선객이 머리를 돌리자, 흠산선사께서 멱살을 잡고 말씀하셨다. "한 화살로 세 관문을

부수는 것은 그만두고, 시험 삼아 나에게 화
살을 쏘아 보게."
　량선객이 머뭇거리자 흠산선사께서 일곱 방
망이를 때리며 말씀하셨다. "두고 봐라, 이놈
이 30년은 참구해야 할 게다."

량이라는 선객이 흠산선사를 거세게 몰아붙였다.

"모든 관문을 단번에 통과해 버린 뛰어난 인물이 나타난다면 어떻게 하시겠습니까?"

참 대단한 공격이다. 이 정도의 공격을 하기는 결코 쉽지 않다. 하지만 흠산선사는 노련한 선지식이시다. 상대의 전략에 휘말리지 않고 곧바로 지휘 본부를 공격해 버렸다.

"그렇다면 관문 안의 주인을 잘 알겠군. 어디 한번 보여 주게."

역습을 당한 거량은 후퇴했다. 그러나 항복은 아니다.

"제가 관문의 주인을 맞추지 못했으니, 다시 쏘도록 하겠습니다."

하지만 흠산선사는 재차 몰아쳐 버렸다.

"뭘 기다리겠다는 게야. 지금 당장 쏘아야지."

그러자 거령선객이 반격을 가했다.

"이 노인네가 화살은 잘 쏘시면서 맞히지는 못하시는군."

쏘아붙이고는 몸을 돌려 나가려 하였다. 참 멋진 역습이었다. 하지만 흠산선사에게 그 정도의 역습은 통하지 않는다. 바로 불러 세웠다.

"이보게 대사, 잠깐 오게."

이 공격을 잘 막았어야 했다. 하지만 거량은 역부족이었다. 걸음을 멈추고 돌아보고 말았다. 그러자 흠산선사의 마지막 일격이 가해졌다.

"단번에 모든 관문을 통과하는 것은 그만두고, 어디 나부터 한번 통과해 보게."

이 예상치 못한 반격에 거량이 멈칫거리자, 흠산선사는 주장자로 치면서 말씀하셨다.

"이놈이 30년을 참구해야 겨우 의심을 벗어버리겠군."

흠산선사의 자비로운 주장자를 맞으면서도 그 즉시 깨닫지를 못하다니, 안타까운 일이다.

송(頌)

與君放出關中主하노니
여 군 방 출 관 중 주

放箭之徒莫莽鹵하라
방 전 지 도 막 망 로

取箇眼兮耳必聾이요
취 개 안 혜 이 필 롱

捨箇耳兮目雙瞽니라
사 개 이 혜 목 쌍 고

可憐一鏃破三關이여
가 련 일 촉 파 삼 관

的的分明箭後路로다
적 적 분 명 전 후 로

君不見가 玄沙有言句여
군 불 견　　현 사 유 언 구

大丈夫先天爲心祖라
대 장 부 선 천 위 심 조

- **방전지도(放箭之徒)**

  화살을 쏘는 무리. 거량선객과 같이 공격하기를 좋아하는 선
  객들.

- **망로(莽鹵)**

  함부로 함. 경솔하게 함. 되는대로 마구 함.

- **가련(可憐)**

  사랑할 만함. 어여삐 여길 만함.

- **현사(玄沙)**

  현사 사비(師備)선사. 설두스님은 '대장부선천위심조'를 현사
  스님의 게송으로 보았으나 원오스님은 평창에서 귀종 지상(歸
  宗智常)스님의 게송이라고 하였음.

그대에게 관문 안의 주인을 내보내노니,
화살 쏘는 무리들은 함부로 굴지 말라.
눈을 취한다면 귀가 반드시 먹을 것이고,
귀를 버린다면 눈이 둘 다 머느니라.
멋지다. 한 화살로 세 관문 뚫음이여,
화살 지난 길이 또렷하고 분명하구나.
그대 알지 못하는가, 현사스님 하신 말씀.
대장부 하늘보다 먼저 마음으로 근본 삼느
니라.

송의 제1구와 제2구에서 설두선사는 "그대에게 관문 안의 주인을 내보내노니, 화살 쏘는 무리들은 함부로 굴지 말라."고 하셨다.

주인을 내보낸다고 볼 수 있으려나? 그 자리는 연습해서 보는 자리가 아니니 함부로 나대서는 곤란만 자초할 것이다. 내보낼 수 있고 볼 수 있다면 그게 관문 안의 주인이라고 할 수 있겠는가. 그림자놀이에 불과한 것을.

송의 제3구와 제4구에서 설두 노인은 "눈을 취한다면 귀가 반드시 먹을 것이고, 귀를 버린다면 눈이 둘 다 머느니라."고 경고했다.

참 난처하게 되었다. 설두 노인이 또 시험을 한다. 보려고 한다면 듣지를 못할 것이고, 듣지 않으려고 한다면 눈마저도 멀게 된다고 하는구나. 이처럼 자상한 설명을 하는데도 두리번거리며 무엇을 찾으려고 하는가. 취사선택하는 놈치고 온전한 놈 보지 못했다.

송의 제5구와 제6구에서 설두스님은 "멋지다 한 화살로 세 관문 뚫음이여, 화살 지난 길이 또렷하고 분명하다." 질문한 스님을 칭찬하는 듯 두들겨 버렸다.

거량선객의 도발은 참 멋지지 않은가. 아무나 할 수 있는 말이 아니다. 화살 한 대로 세 관문을 꿰뚫을 수 있다는 배포라니, 그만하면 칭찬받을 만하다. 그러나 화살의 궤적이 너무 쉽게 보이는구나. 모양도 없고 흔적도 없는 그런 화살을 쏠 정도는 되어야 비로소 몽둥이를 맞지 않을 것이다.

설두선사는 송의 제7구와 제8구에서 "그대 알지 못하는가, 현사스님 하신 말씀. 대장부 하늘보다 먼저 마음으로 근본 삼느니라."고 은근히 길을 열어 보이셨다.

요즘 공부한다고 하는 사람들은 그저 티끌만한 것을 얻었다고 자랑이 심하지. 만일 천하를 얻었다면 어쨌겠는가. 하지만 그 모든 것 그저 한바탕 꿈일지니, 공부한다는 사람이라면 무엇이 핵심인지 정도는 알고는 있어야지.

아차차 설두 노인네의 노파심이 또 일어났구나. 마음
으로 근본을 삼는다는 잠꼬대까지 하다니.

제57칙

조주 불간택
(趙州不揀擇)

조주선사의
간택하지 않음

"오직 스스로
이 우주의 주인이 되어라"

은으로 된 산, 쇠로 된 벽을 부수고
자비의 미소를 되찾았는가!

도를 깨닫기 전에는 경전도 어록도 화두도 모두 나아갈 수 없는 은산철벽이다. 정말로 치열하게 공부한 사람이라면 진퇴양난의 경계에 서 봤을 것이다. 만일 그런 경험이 없다면 아직도 제대로 수행다운 수행을 해보지 않았다고 생각해도 틀린 것이 아닐 것이다.

그런데 깨닫고 나면 그때부터는 그 무엇도 자신을 어쩌지 못한다는 것도 확실히 알게 된다. 갑자기 새로운 인물이 만들어진 것이 아니라 본래부터 그랬던 것이다. 다만 모르고 있었을 뿐이다.

어떤 사람은 착각을 해서 '그럼 그렇게 알고 있으면 되겠구나.'라고 생각하겠지만, 자신의 모습을 잘 살펴봐야 할 것이다. 만약 스스로가 주인공 자리에 당당하게 서 있다면, 범부의 어리석음에도 떨어지지 않고 부처님의 뒤를 좇아 동분서주하지도 않을 것이다.

만약 자신이 그렇지 못하다면 다음 본칙의 조주스님을 잘 살펴보는 것이 좋을 것이다.

조주 종심(趙州從諗, 778~897)선사는 십대에 출가하여 다른 절에 있다가 남전 보원(南泉普願)선사를 찾았다. 남전선사는 비스듬히 누운 상태로 어린 사미를 맞았다.

"어디서 왔느냐?"

"서상원(瑞像院)에서 왔습니다."

"그럼 훌륭한 상(瑞像–부처님)은 이미 보았겠구나."

"훌륭한 상은 모르겠으나 누워계신 부처님(누워계신 남전선사)은 뵈옵니다."

남전선사께서 벌떡 일어나 앉으시며 다시 물었다.

"네게 스승이 있느냐?"

"아직 일기가 찬데 스승님께서 법체 강녕하시옵니까?"

이렇게 남전스님의 제자가 되었고, 남전스님께서 입적하실 때까지 40년을 모셨다. 60세부터는 여러 곳을 다니시며 운수행각을 하시다가, 80세에 조주현 관음원(현 柏林禪寺)에 주석하시고, 그곳에서 40년간 후학을 지도하시었다.

조주선사의 어록이나 문답은 거의 옛날의 관음원(觀

院) 즉 오늘날의 백림선사(柏林禪寺)에서 있었던 선문답이나 법문의 기록이다. 대표적인 예로 '조주의 네 문(趙州四門)' '차 드시게(喫茶去)' '뜰 앞의 측백나무니라(庭前柏樹子)' '조주의 돌다리(趙州石橋)' 등이 있다. 끽다거(喫茶去)를 두고 '조주스님이 차를 좋아하셔서 차나 마시고 가라고 권했다'고 해석하는 경우는 참선 수행을 하지 않은 이들의 말일 뿐이다. 또 오래전 정전백수자(庭前柏樹子)를 '뜰앞의 잣나무'라고 잘못 써온 것을 그대로 가져다가 프로그램 타이틀로 사용하기에 '뜰 앞의 측백나무'로 고쳐야 한다고 했더니, 잣나무나 측백나무나 조주스님의 마음은 똑같다는 식으로 반박하는 이들이 꽤 있었다. 역시 선(禪) 실참(實參)을 하지 않았거나 조주선사께서 가리킨 곳(落處)을 보지 못한 사람의 말장난이다. 백림선사(柏林禪寺)에는 잣나무가 없다. 조주선사는 있지도 않은 것을 언급하여 망상을 피우게 하지는 않는다.

본칙(本則)

擧 僧이 問趙州호대 至道無難이나 唯嫌揀
거 승 문조주 지도무난 유혐간

擇이라하니 如何是不揀擇이닛고 州云 天上
택 여하시불간택 주운천상

天下唯我獨尊이니라 僧云 此猶是揀擇
천하유아독존 승운차유시간택

이니다 州云 田庫奴야 什麼處是揀擇고 僧
주운전고노 십마처시간택 승

無語라
무어

- **지도무난(至道無難) 유혐간택(唯嫌揀擇)**
  중국 선종의 제3조인 승찬대사의 『신심명(信心銘)』 처음에 나오는 구절. "도에 이르는 것은 어려울 것이 없다. 오직 가리고 선택함을 꺼릴 뿐이다."

- **전고노(田庫奴)**
  중국 복주(福州) 지방의 욕이라고 함. '창고나 지키다 굶어 죽을 놈' '어리석은 놈'

이런 얘기가 있다.

어떤 스님이 조주선사께 여쭈었다. "'도에 이르는 것은 어려움이 없다. 오직 가리고 선택함을 꺼린다.'고 하니, 어떤 것이 가리고 선택하지 않는 것입니까?"

조주선사께서 말씀하셨다. "온 우주에 오직 내가 홀로 존귀하니라."

그 스님이 말씀드렸다. "이것도 역시 가리고 선택하는 것입니다."

조주선사께서 말씀하셨다. "어리석은 놈아! 어느 곳이 가리고 선택하는 것이냐?"

그 스님이 아무 말도 하지 못했다.

강설(講說)

　깨달음에 대한 정보를 참 많이 아는 이들이 있다. 그런데 정작 본인은 늘 괴로워한다. 세상에는 자칭 도인이 참 많다. 그런데 진짜 도인은 정말 드물다. 그저 이름만 도인인 것이다.

　어떤 이들은 여러 성현들의 말씀을 토해내며 사람들을 꾸짖지만, 꾸짖는 그 마음은 결코 성현과 닮아 있지도 않다. 그것은 비록 성현의 말씀이긴 하나 그 말을 사용하는 사람은 그저 정보로써 사용할 뿐이기 때문이다.

　도(道)는 자유로운 삶인 것이지, 기억해서 아는 지식이 아니다. 도는 대상이 아니라 자기 자신인 것이다. 그러니 밖에서 찾는다고 찾아지는 것도 아니고, 도에 대한 표현을 많이 외우고 있다고 도인이 되는 것도 아니다.

　조주선사께 질문을 한 스님은 도의 실체에 접근하고 싶었던 것이리라. 그래서 '가리고 선택하지 않는 도인의 경지'를 여쭈었다. 조주스님은 '오직 스스로 이 우주

의 주인이 되는 것이다.'고 아주 멋진 답을 하셨다. 하
지만 어쩌겠는가. 상대는 여전히 분별을 넘어서지 못
하고 있는 것을. 괜스레 아는 체했다가 조주선사의 호
통에 얼이 빠져 버렸다.

송(頌)

似海之深이요　如山之固로다
사 해 지 심　　여 산 지 고

蚊虻弄空裏猛風이요
문 맹 롱 공 리 맹 풍

螻蟻撼於鐵柱로다
누 의 감 어 철 주

揀兮擇兮여　當軒布鼓로다
간 혜 택 혜　　당 헌 포 고

* **포고(布鼓)**

  가죽 대신 베를 발라 북 모양을 만든 것. 북이지만 전혀 소리가
  나지 않는다. 소리 없는 북.

바다의 깊음과 같고, 산의 견고함과 같구나.
모기와 등에가 허공 속 거친 바람 희롱하고,
땅강아지와 개미가 쇠로 된 기둥 흔드는구나.
가림과 선택함이여, 난간에 매단 베 북이로다.

　설두선사는 송에서 "바다의 깊음과 같고, 산의 견고함과 같구나."라고 하여 깨달음과 깨달은 이의 경지를 비유를 들어 설명하고 있다.

　깨달은 이는 바다처럼 깊고 산처럼 견고하다. 자로써 측량할 수 없고 도구로써 허물 수가 없다. 질문을 던진 스님은 아직 조주선사의 진면목을 보지 못했다. 귀동냥한 것으로 선지식의 경지를 재려고 하지 말 것.

　이어 설두화상은 "모기와 등에가 허공 속 거친 바람 희롱하고, 땅강아지와 개미가 쇠로 된 기둥 흔드는구나."하여 질문한 스님의 경지를 슬쩍 흘렸다.

　모기와 등에 같은 소견이라도 평소라면 허공을 날 수 있지만, 강풍이 분다면 어찌 감당할 수 있겠는가. 땅강아지와 개미 정도의 능력으로도 땅이나 썩은 나무는 잘 파겠지만, 단단한 무쇠로 된 기둥은 어림도 없는 것이다. 도(道)가 그러하고 깨달은 이가 그러하다. 철딱서니 없는 스님이 강풍 같고 쇠기둥 같은 조주선사를 알 리가 있나. 자신의 좁은 소견을 과대평가하여 함부

로 나대다가는 선지식의 반야보검(般若寶劍)에 죽는
다. 설두 노인은 누구에게 이 시퍼런 경고장을 보낸 것
일까?

끝으로 설두노화상은 "가림과 선택함이여, 난간에 매
단 베 북이로다."라고 하여 비밀을 슬쩍 보여주셨다.
따지는 분상에 있는 사람은 간택이니 불간택(不揀擇)
이니 하는 것이 따로 있는 줄로 알지만, 그건 오직 자
기의 머리에나 있는 것일 뿐이다. 바로 그것 때문에 도
에 이르지 못하는 것이다. 소리를 듣고서 비로소 아는
정도로는 아직 까마득하다. 도를 알고 싶은가? 소리
나지 않는 북이다.

제58칙

조주 소굴
(趙州窠窟)

조주선사의
소굴

"'맛이 없는 말'
제대로 들을 수 있는 귀 열린다면…"

단청을 하여도 곱지만,
하지 않아도 멋지다.

 사람들은 무언가를 몇 번 들어 익숙해지면 모두 안다고 생각해 버린다. 대장경의 수많은 말씀들에 대해서도 그렇게 생각해 버리고, 선사들의 선문답에 대해서도 역시 마찬가지다. 그래서 보고 들은 것이 많아질 때쯤에는 모든 것을 이미 파악한 것처럼 착각해서 더 이상 언어 너머의 경지에 관심을 갖지 않는다. 그저 도인 노릇하고 싶어서 안달이다. 옛 어른들은 그런 경우를 두고 도깨비라고 나무라셨다. 나 역시 십대 후반에서 이십대 초반까지 큰스님들로부터 '이 도깨비 같은 놈!'이라는 호통과 함께 죽비 세례를 무수히 받았다. 그런데 머릿속에 집어넣었던 수많은 경전의 명구와 엄청난 선문답들이 정작 화두병(話頭病)에 걸려 보이지 않는 무쇠상자에 갇혔을 때엔 아무런 쓸모가 없었다. 처방전은 무수히 많이 가지고 있었으나 정작 약은 없었고, 약을 먹지 않았으니 병이 나을 리 만무했다. 그 처방전의 약들은 약국에 가서 살 수 있는 것이 아니었던 것이다. 이미 내 품에 넣고 다녔던 것인데, 자랑만 할 줄 알았지 먹고 죽을 줄을 몰랐던 것이다.

　먹고 죽을 약을 왜 먹느냐고 사람들은 따진다. 그러니 보이는 것에만 집착하면서, 보이지 않는 경지에 이르지 못하는 것이다. 언젠가 고쳐야 할 병마저도 없음을 깨닫고 나면 '먹고 죽는다'는 것도 저절로 알게 될 것이다.

본칙(本則)

擧 僧이 問趙州호대 至道無難이나 唯嫌揀
거 승 문 조 주 지 도 무 난 유 혐 간

擇이라함은 是時人窠窟否아 州云 曾有人
택 시 시 인 과 굴 부 주 운 증 유 인

問我어늘 直得五年分疎不下로다
문 아 직 득 오 년 분 소 불 하

- **시인(時人)**

  요즘 사람−조주선사를 빗대어 말한 것이기도 함.

- **과굴(窠窟)**

  새와 짐승의 보금자리인 둥지와 굴이니, 머무는 곳이면서 또한

  집착하는 것이라는 뜻이 된다.

- **직득…부(直得…不)**

  다만 ∼하지 못했다.

- **분소(分疎)**

  조목조목 나누어 설명함.

[illegible] 자녀를 즐겁게 [illegible] 주셨네.」

음이 미니 [illegible] 책을 [illegible] 마다 오빠이
사 형이 [illegible]. [illegible] 이제의 어제 사
그렇지만 [illegible] 줄 것 아니더냐.」

[illegible] 왕이 [illegible]에 [illegible] 이끌득 [illegible] 시녀이
[illegible] 모두 여러분이 [illegible] [illegible] 시녀며 [illegible]
어떤 [illegible]이 [illegible] 여전했다. 공에 이
이해 [illegible] [illegible].」

이런 얘기가 있다.

어떤 스님이 조주선사께 여쭈었다. "도에 이르는 것은 어려움이 없으나 오직 가리고 선택함을 싫어한다고 했는데, 이것은 요즘 사람이 소굴처럼 집착하는 것 아닙니까?"

조주선사께서 말씀하셨다. "이전에 어떤 사람이 내게 (같은 것을) 물었는데, 다만 5년이 되도록 자세한 설명을 하지 못했네."

강설(講說)

 여기 날카로운 선객이 나타났다. 조주선사께서 자주 승찬대사의 『신심명(信心銘)』 첫 구절인 '도에[道] 이르는 것은[至] 어려움이[難] 없으나[無] 오직[唯] 가리고 선택함을[揀擇] 싫어한다[嫌]'는 말씀을 인용하시자, 바로 이것을 공격하였다. "스님께서는 마치 그것이 유일한 보물이나 되는 듯이 집착하시는 것 아닙니까?"

 참 대단한 공격이다. 이 날카로운 공격을 받아넘길 사람이 몇이나 되겠는가. 그러나 상대는 천하의 조주선사이다. 언제나 부드러운 말로 제자나 후학을 상대하셨지만, 선사의 부드러운 한마디는 몽둥이나 고함을 능가한다. "이전에도 누가 자네와 같은 질문을 했었네. 그런데 끝끝내 나는 자세한 설명을 할 수 없었지."

 날카로운 이는 자기의 날카로움만 알지 자신의 허물을 보지 못한다. 자신의 허물로 상대를 보니, 그 허물이 상대의 거울에 고스란히 비춰 나타난다. 언어를 넘어선 경지를 언어로 더럽히지 말라. 가령 5년이 아니라 5백 년을 설명한다고 해도 어리석은 사람의 귀에는 허물만 가득해진다.

송(頌)

象王嚬呻이요 獅子哮吼로다
상 왕 빈 신　　사 자 효 후

無味之談이여 塞斷人口라
무 미 지 담　　색 단 인 구

南北東西에　鳥飛兎走로다
남 북 동 서　　오 비 토 주

- 빈신(嚬呻)

  얼굴을 찡그리고 끙끙거림. 기지개를 켬. 하품을 함.

- 오(烏)

  금오(金烏)-해.

- 토(兎)

  옥토(玉兎)-달

코끼리 왕이 하품을 하고,
백수의 왕이 울부짖는구나.
전혀 맛이 없는 말씀이여,
사람의 입을 막고 끊었도다.
이 세상 온 천지 가득하게
해와 달이 뜨고 지는 것을.

강설(講說)

설두선사께서 제1구와 제2구에서 "코끼리 왕이 하품을 하고, 백수의 왕이 울부짖는구나."라고 하여 조주선사가 어떤 경지에 있는지를 슬쩍 밝히셨다.

비록 선객의 질문이 태산을 무너뜨릴 기세였으나 상대는 코끼리 왕이며 백수의 왕인 사자와 같은 선지식임에야 어찌하랴. 코끼리는 코끼리라야 상대할 수 있고, 사자는 사자라야 겨룰 수 있는 것이다. '끝끝내 자세한 설명을 할 수 없었다.'는 이 사자후를 알아듣기나 했을까?

설두 노인네는 제3구와 제4구에서 "전혀 맛이 없는 말씀이여, 사람의 입을 막고 끊었도다."라고 하여 조주선사의 비밀을 누설하였다.

조주선사의 '끝끝내 자세한 설명을 할 수 없었다.'는 이 말은 참으로 깊고도 멀다. 그래서 맛이 없는 말이라고 한 것이다. 본디 있는 그대로의 맛이니 양념에 찌든 혀가 어찌 그 맛을 알아보겠는가. 그저 벙어리가 될 수밖에.

만약 물이 짜거나 달거나 맵거나 쓰다면 그 물로 차를 우리면 차를 망치게 된다. 그저 순수한 특별한 맛을 느끼기 어려운 맛이라야 차의 맛과 향을 잘 드러나게 한다.

조주선사의 '맛이 없는 얘기'를 제대로 들을 수 있는 귀가 열리기만 한다면 단번에 사다리를 걷어차고 허공으로 날아오를 것이다.

설두 노인이 제5구와 제6구에서 "이 세상 온 천지 가득하게 해와 달이 뜨고 지는 것을."라고 하여 조주선사에게 매달리고 있는 이들에게 한 가닥 길을 열어주셨다.

사람들은 늘 자신의 망상(지식)으로 따지면서 그 망상 속으로 들어간다. 밝다느니 어둡다느니 사람들은 항상 차별적인 상황을 따지지만, 세상 그 어디인들 해와 달 없는 곳이 있겠는가. 동쪽 사람들은 동쪽을 싫어하여 서쪽이 좋다 하고, 서쪽 사람들은 서쪽을 싫어하여 동쪽이 좋다고 하는구나. 하지만 서쪽이 어디 있고 동쪽이 어디 있단 말인가. 눈앞의 현상을 따라가려면

서쪽이니 동쪽이니 하는 것이지만 허공에 방위라는 것
이 인간의 조작일 뿐이다.

 사랑을 갈망할 때는 "하늘의 별을 따다 줄게!"하고 뻥
을 치고 또 그 말에 좋아라하는 것이지만, 사랑의 결실
을 맺어 부부생활을 할 때쯤에는 뻥을 친 사람이나 속
아준 체한 사람 모두가 다시는 별을 딴다는 말 따위는
하지 않는다. 오직 지구의 삶에 바쁠 뿐이다. 그런데
눈을 번쩍 떠 보라. 태어나 부부생활을 하는 그 순간까
지 늘 지구라는 별에서 살고 있었지 않은가.

제59칙
조주 지도
(趙州至道)

조주선사의
도에 이르는 것

"道에 이르는 것은 어려울 것이 없다"

조주선사가 거닐던 백림선사(柏林禪寺)에 왔다면,
애타게 선사를 부르지 말고 곧바로 보라.

 수행자의 목표는 분명하다. 어떤 사람이 되어야 하느냐 하면 온 우주를 품을 수 있어야 하고, 성인이니 범부니 하고 따지고 분별하는 따위를 훌쩍 뛰어넘어야 한다.

 그렇게 된다면 이 세상 모든 곳에서 부처를 만나고 보살을 보게 될 것이다. 그뿐만 아니라 그저 간단한 질문(창)과 답(방패)을 통해서 상대가 얼마나 치열하게 공부했으며, 어느 지점까지 초월해 있는 지를 단박에 가려낼 수 있다.

 이러한 능력은 어떻게 생길까? 아니면 누구로부터 물려받는 것일까? 아하! 미루어 짐작하는 순간 이미 아득히 멀어질 것인데….

본칙(本則)

擧 僧이 問趙州호대 至道無難이나 唯嫌揀
거 승 문 조 주 지 도 무 난 유 혐 간

擇이라하니 纔有語言하면 是揀擇이라 和尙
택 재 유 어 언 시 간 택 화 상

은 如何爲人이닛고 州云 何不引盡這語오
여 하 위 인 주 운 하 불 인 진 저 어

僧云 某甲은 只念到這裏니다 州云 只這
승 운 모 갑 지 념 도 저 리 주 운 지 저

至道無難 唯嫌揀擇이니라
지 도 무 난 유 혐 간 택

이런 얘기가 있다.

어떤 스님이 조주선사께 여쭈었다. "도에 이르는 것은 어려움이 없으나 오직 가리고 선택함을 싫어한다고 하였으니, 잠깐이라도 말을 하는 것이 있다면 이것이 가리고 선택함입니다. 스님께서는 어떻게 사람들을 지도하시겠습니까?"

조주선사께서 말씀하셨다. "어째서 이 말을 다 인용하지 않는 것인가?"

질문했던 스님이 말씀드렸다. "저는 다만 생각이 여기까지만 이르렀습니다."

조주선사께서 말씀하셨다. "다만 이것이 '도에 이르는 것은 어렵지 않으나 가리고 선택함을 싫어할 뿐이다'이다."

  설두스님께서 선택한 쉰아홉 번째 얘기는 바로 앞 칙에서 나온 조주선사와 어떤 스님의 대화이다. 주제는 역시 『신심명(信心銘)』의 '지도무난 유혐간택(至道無難 唯嫌揀擇)'이다.

  '지도(至道)'라는 용어는 사전에도 '지극한 도'로 설명되어 있다. 그리고 지도무난(至道無難)은 모두가 '지극한 도는 어렵지 않다'로 번역했다. 사전적 번역을 하다 보니 승찬대사께서 강조하고자 했던 수행지침이 사라져 버렸다.

  원래 이 용어를 구사한 승찬대사(僧璨大師)의 『신심명(信心銘)』은 네 글자로 문장을 만들었기에 생략된 글자가 많다고 봐야 한다. 그러므로 번역을 하면서 승찬대사의 본뜻이 어그러지지 않게 심혈을 기울여야 한다.

  '도(道)'는 깨닫기 전의 사람에겐 단지 추상적인 말일 뿐이다. 중국의 노장사상에서는 '만물을 만들어 내는 모체(母體)로서의 실재(實在)이며 만물을 존재케 하는 법칙'이라는 뜻으로 사용하였다. 불교를 중국에 소개

하고 경전을 번역하는 스님들은 바로 이 노장사상에서의 '도(道)'라는 용어를 불교 내에 흡수했다. 그 후 선불교(禪佛敎)가 크게 일어나면서 깨달음에 대한 모든 것은 도(道)라는 말로 통하게 되는 것이다. 이처럼 '도(道)'라는 말 자체가 이미 어떤 꾸밈을 배제한 특수한 성격으로 선(禪)에서는 '깨달음의 경지'를 가리키는 말이라고 할 수 있다.

 깨닫지 못한 사람에게는 도(道)라는 말이 지극히 추상적이다. 그저 자기 깜냥대로 이리저리 생각을 굴려보는 정도가 대부분이다. 나병환자(癩病患者)로서 극심한 괴로움을 겪다가 혜가대사를 친견한 뒤 깨달음에 도달하신 승찬대사께서는 당신이 어렵게 도달하신 그 깨달음에 이르는 방법을 후학들에게 간단명료하게 알려주고 싶어서 『신심명(信心銘)』을 남기신 것이다. 그런 승찬대사께서 깨닫지 못한 이에게는 추상적일 수밖에 없는 도(道)를 다시 '지극한 도'라고 하여 더 추상적으로 말씀하실 필요가 있었을까? 그건 교학적 번역이지 선사들의 언어가 아니다. '일체의 설명이 끊어진 이치'로서의 '지극한 도'였다면 '어려움이 없다'는 설명이

야말로 형편없는 군더더기가 되고 만다. 만약 '지극한 도'라는 뜻으로 사용했다면 '또 다른 쉬운 도(지극하지 않은 도)'가 있다는 말이 된다. 과연 이렇게 도(道)를 이리저리 쪼개 버렸을까?

따라서 '지도무난(至道無難)'에서 '무난(無難)'을 깨달음으로 나아가는 수행자의 마음가짐에 대한 설명으로 봐야 하며, '지도무난(至道無難)'을 '도에 이르는 것은 어려울 것이 없다' 즉 '깨닫는 것은 어렵지 않다'로 풀어야 한다. 그래서 뒤의 '가려 선택하다'는 뜻인 간택(揀擇) 등의 문장은, 수행자 스스로가 도에 이르는 것(도를 깨닫는 것)을 방해하고 있으니 그런 행위를 하지 말라는 강조인 것이다.

조주선사께 따진 선객의 기개는 대단하다. 천하의 조주선사에게 "한 마디라도 하면 이미 가리고 선택하는 것이 되는 것인데, 스님께서 한 마디의 간택(분별선택)을 하지 않고도 가르치실 수 있는 것입니까? 그건 불가능한 일 아닙니까?" 하고 공격을 했다.

그런데 조주스님은 상대의 무기를 자유자재로 빼앗

아 사용하시는 분이시다. 선객의 무기를 곧바로 사용하여 공격해 버렸다. "어째서『신심명(信心銘)』의 이 구절을 끝까지 인용하지 않는 것인가?"

얼떨결에 공격을 당한 선객은 궁색한 변명을 늘어놓고 말았다. "저는 다만 여기까지만 생각하였는데요."

조주선사의 살인검(殺人劍)이자 활인검(活人劍)이 빛을 뿌렸다. "이것이 바로 자네가 따지고 있는 '도에 이르는 것은 어렵지 않으나 다만 간택을 싫어할 뿐이다'는 바로 그 도리이지." 참 무서운 노인네다.

자! 조주선사의 자비심을 보았는가. 선사께서는 선객의 칼을 빼앗아 선객의 목을 잘라버렸다.

순간 금강(金剛)의 목이 솟아났다면 조주선사를 만난 것이지만, 다만 떨어지고 말았다면 그냥 돌아다니는 시체일 뿐이다.

水灑不著하고 風吹不入하니
수 쇄 불 착　　　풍 취 불 입

虎步龍行이요 鬼號神泣이라
호 보 용 행　　　귀 호 신 읍

頭長三尺知是誰오
두 장 삼 척 지 시 수

相對無言獨足立이로다
상 대 무 언 독 족 립

- **두장삼척(頭長三尺)**
  머리의 길이가 석 자.
  *어떤 스님이 동산 양개(洞山良价)선사에게 '무엇이 부처입니까?' 하고 여쭈었더니, 선사께서 '머리 길이는 석 자요(頭長三尺), 목 길이는 두 치니라(頸長二寸)'고 답한 것을 인용.

물로 씻어도 젖지를 않고
바람 불어도 스미지 않으니,
호랑이 걸음에 용의 움직임이요
귀신이 부르짖고 신령이 우는구나.
머리 길이 석 자 이 누군지 알겠는가?
마주 보고 말없이 한 발로 서 있구나.

설두선사는 송의 제1구와 제2구에서 "물로 씻어도 젖지를 않고, 바람 불어도 스미지 않으니,"라고 하여 과녁의 핵심을 슬쩍 드러내 보이셨다.

조주선사께서 가리킨 그 자리는 물에 젖거나 바람에 움직이는 그런 상대적인 것이 아니다. 그러니 잔머리 굴려 보려 하거나 찾는다고 헤매지 말 것.

송의 제3구와 제4구에서 설두 노인네는 "호랑이 걸음에 용의 움직임이요, 귀신이 부르짖고 신령이 우는구나."라고 하여 조주선사의 진면목을 슬쩍 드러내었다.

질문을 한 젊은 선객은 늙은 조주선사를 너무 쉽게 생각하였다. 하지만 선객이여! 그대는 상대를 잘못 택했다. 모든 선지식이 그러하듯 조주선사는 조금만 움직여도 호랑이 같고 용 같은 분이시다. 조주선사의 경지는 귀신도 통곡하고 물러갈 정도이며, 그 어떤 신령스러운 존재도 조주 노인네 앞에 이르면 빛을 잃는다는 것을 그대는 아직 모르겠는가? 죽음을 각오하지 않았다면 섣불리 시비하지 말라.

설두 노승은 또 노파심이 발동하셨다. 그래서 송의 제5구에서 "머리 길이 석 자 이 누군지 알겠는가?"라고 비밀을 흘리셨다.

아무리 비밀을 흘려주어도 그건 아는 놈만 아는 법이다. 상식을 넘어선 경지를 상식으로 재려고 해봤자 허공의 무게를 재려는 것과 다를 것 없다. 부처는 부처라야 아는 법이다.

아, 자비로운 설두선사의 모습을 보라. 송의 제6구에서 "마주 보고 말없이 한 발로 서 있구나."라고 하여 쓰러진 놈을 격려해 주시는구나.

만일 그대가 의지하는 것이 있다면 버려라. 그것은 모두가 상대적인 것일 뿐이다. 말도 버리고 글도 버려라. 부처도 버리고 조사도 버려라. '지도무난(至道無難) 유혐간택(唯嫌揀擇)'도 버려라. 그리고 홀로 서 보라. 그때 조주선사를 볼 수 있을 것이다.

제60칙

운문 주장
(雲門拄杖)

운문선사의
주장자

"이 주장자가 용이 되어 온
우주를 다 삼켜 버렸다…"

누가 절을 하며 누가 절을 받는가!
누가 높고 누가 낮은가!
틀렸다.

모든 경전에서 한목소리로 부처와 중생이 다르지 않다고 했다. 이 말을 듣는 순간 그냥 다름이 없는 경지가 되면 될 것이다. 만약 모든 이들이 그렇게 된다면 이 세상에 무슨 대립과 다툼이 있겠는가. 심지어 부처님의 그 말씀을 두고도 또 갈라서서 대립하고 다투고 있으니 참으로 괴이한 일이라고 할 수밖에 없다.

왜 그럴까? 어떤 이는 머리로 부처를 만나고, 어떤 이는 가슴으로 조사를 만나기 때문이다. 온몸으로 쑥 들어가 버리면 곧 하나가 될 터이지만, 이리저리 따지고 분석하느라 정신들이 없다.

혼신의 힘을 다해 근본 문제를 해결했다고 치자. 그럼 다 된 것일까? 거기 머물면 낭패를 본다. 거기에도 머물지 않는 장부라야 비로소 온 우주를 다 준다 해도 눈 하나 깜빡이지 않을 것이다. 왜 그럴까?

본칙(本則)

擧 雲門이 以拄杖으로 시중운(示衆云) 拄杖
거 운문　　이주장　　　　　　　주장

者化爲龍하야 呑卻乾坤了也라 山河大
자화위룡　　탄각건곤료야　산하대

地甚處得來오
지심처득래

- **주장(拄杖)**

  흔히 주장자(拄杖子)라고 함. 스님들이 짚고 다니는 지팡이를
  가리키는데, 이전에는 큰스님들이 법상에서 설법할 때 이 주장
  자를 들어 보이며 법문을 하는 경우가 많았음.

이런 얘기가 있다. 운문선사께서 주장자로써 대중에게 보이시며 말씀하셨다.

"주장자가 변하여 용이 되어서 온 세상을 삼켜 버렸다. 산과 강 대지를 어느 곳에서 찾겠는가?"

운문선사는 한두 마디 말로 모든 것을 다 드러내는 솜씨를 지니신 분이다. 그런데 운문선사는 눈먼 사람이 통과할 수 없는 비밀장치를 잘 설치하기로도 유명하신 분이다. 자, 이번에는 주장자이다.

주장자를 번쩍 들어 대중들에게 보이시고는 이렇게 말씀하셨다. "이 주장자가 용이 되어서 온 우주를 다 삼켜 버렸다. 이제 산과 강, 대지 따위를 어느 곳에서 찾을 수 있을까?"

이 질문에는 참 함정이 많다. 시선을 흩어버리는 시설물이 참으로 많다. 우선 주장자에 시선을 뺏겼다면 이미 눈이 먼 것이다. 다음으로는 용이다. 용이 온 우주를 삼키는 그림을 그리고 있다면, 이도 역시 눈뜬장님이다. 만약 산하대지를 더듬거리며 찾는다면 무량겁이 지나도 운문선사의 함정에서 빠져나올 수 없을 것이다.

그럼 어쩌란 말인가? 굳이 운문선사의 주장자를 뺏을 필요도 없다.

송(頌)

拄杖子呑乾坤이라
주 장 자 탄 건 곤

徒說桃花浪奔가
도 설 도 화 랑 분

燒尾者는 不在拏雲攫霧어니
소 미 자 부 재 나 운 확 무

曝腮者가 何必喪膽亡魂이리요
폭 시 자 하 필 상 담 망 혼

拈了也로다 聞不聞가
염 료 야 문 불 문

直須灑灑落落이어니
직 수 쇄 쇄 낙 락

休更紛紛紜紜하라
휴 갱 분 분 운 운

七十二棒且輕恕니
칠 십 이 방 차 경 서

一百五十難放君이로다
일 백 오 십 난 방 군

<설두스님의 법문을 기록하던 이가 붙인 말>

師驀拈拄杖하야 **下座**하니 **大衆**이 **一時**에
사 맥 염 주 장　　하 좌　　대 중　 일 시

走散하다
주 산

- **도화랑분(桃花浪奔)**

  복사꽃이 떨어져 물살에 내달린다는 말. 이것은 중국의 전설을 차용한 것임. 즉 우문(禹門) 또는 용문(龍門)이라는 곳은 삼단 폭포가 있고 물이 거칠어 일반 고기들은 이 폭포를 오를 수 없다. 복사꽃이 피는 삼월이 되면 물이 불어나는데, 이때 잉어들이 이 폭포에 모여들어 오르려고 시도를 한다. 만약 이 폭포를 뛰어넘는 잉어는 용이 된다고 하는데, 이때 번개가 쳐서 잉어의 꼬리를 태우면 용으로 변하여 구름을 잡고 안개를 움켜쥔 채로 날아간다고 하였다. 또 실패한 잉어는 이마에 점이 찍힌 채 모래더미에서 아기미를 드러낸 채 숨을 헐떡이며 괴로워한다는 것이다.

- **쇄쇄낙락(灑灑落落)**

  마음이 맑고 걸림이 없는 상태.

- **분분(紛紛)** 뒤섞이어 어지러움.

- **운운(紜紜)** 어지러운 모양.

주장자가 온 세상을 삼켜 버렸구나.

부질없이 복사꽃 물살에 내달음을 말하랴.

꼬리 태운 놈도 구름 붙잡고 안개 움켜쥔 채 있지 않나니,

아가미를 말리는 놈이 어찌 꼭 정신을 잃고 넋을 잃으랴.

법문은 끝났다. 들었는가, 못 들었는가?

곧바로 반드시 맑고 걸림이 없어야 하나니,

다시 뒤섞여 어지럽게 하는 것을 멈추어라.

일흔두 번 몽둥이질도 또한 가벼운 용서이니,

일백오십 번으로도 그대를 풀어주기 어렵도다.

〈다음은 설두스님의 법문을 기록하던 이가 상황을 추가한 것〉
설두스님께서 갑자기 주장자를 집어 들고 법좌에서 내려오시니
대중이 일시에 달아나 버렸다.

송의 제1구와 제2구에서 설두화상은 "주장자가 온 세상을 삼켜 버렸구나. 부질없이 복사꽃 물살에 내달음을 말하라."라고 운문선사의 법문 요지를 갈파하셨는데, 용으로 변했다는 말을 생략해 버렸다. 운문선사께서 파 놓은 두 개의 함정 가운데 하나를 제거해 주었으니, 이것은 설두 노인네의 지극한 자비이다.

모든 선사들이 그러하듯 운문선사도 뱀이 용인 체하는 가짜 용들을 가려내기 위해 자비이자 함정을 설치해 두었다. 그것이 '용으로 변했다'는 표현이다. 설두선사는 이것을 생략함으로써 운문선사의 뜻을 보다 분명하게 해 주었다. 그렇기는 하지만 주장자가 뜻하는 바를 모른다면 운문선사의 뒷모습도 보지 못한다.

설두선사는 운문선사의 뜻을 보다 명확하게 하기 위해 우문(禹門) 또는 용문(龍門)의 전설을 끌어왔다. 사람들은 도화 필 무렵 잉어가 용이 되는 전설을 얘기하지만, 참 부질없는 얘기일 뿐이다. 부처님 성불한 얘기를 아무리 멋들어지게 펼쳐놓는다고 해도, 자신이 여전히 어리석음 속에서 괴로워하고 있다면 부처님의 생

애가 무슨 소용이겠는가.

　설두 노인은 송의 제3구와 제4구에서 "꼬리를 태운
놈도 구름을 붙잡고 안개를 움켜쥔 채 있지 않나니,
아가미를 말리는 놈이 어찌 꼭 정신을 잃고 넋을 잃으
랴."라고 재차 갈파하였다.
　꼬리를 태우고 용이 되었다는 그놈을 구름 속에서 안
개 속에서 찾는 것은 참 부질없다. 이미 자유의 몸이
되어 어디에도 머물지 않는데, 괜스레 용이 되지 못한
입장에서 이러쿵저러쿵 따지지 말라. 그건 그렇고 용
이 되었다고 말하는 것도 부질없는데, 하물며 폭포를
넘지 못했다고 좌절하는 것은 또 무슨 바보 같은 짓이
냐!

　이어 설두노화상은 제5구에서 "법문은 끝났다. 들었
는가, 못 들었는가?"라고 다시 환기시켰다.
　여기까지만 하더라도 이미 지나치게 말이 많았다. 그
러니 열린 귀 있는 자라면 응당 바로 알아들었을 것이
다.

송의 제6구와 제7구에서 설두선사는 "곧바로 반드시 맑고 걸림이 없어야 하나니, 다시 뒤섞여 어지럽게 하는 것을 멈추어라."고하여 죽비를 내리치셨다.

제대로 들은 사람은 마음이 응당 허공처럼 되었을 것이다. 그렇다면 이제 다시 이러니 저러니 궁리할 것이 없는 것이다.

아차, 아직도 시시비비할 것이 남았는가?

설두 노인네가 아직도 부족했던지 송의 제8구와 제9구에서 "일흔두 번 몽둥이질도 또한 가벼운 용서이니, 일백오십 번으로도 그대를 풀어주기 어렵도다."라고 몰아붙였다.

여기에 이르러서도 아직 헛소리하고 있다면 그 죄가 참으로 무겁다. 설령 그렇다고 하더라도 설두 노인네의 자비는 참으로 크다. 마지막까지 포기를 하지 않고 손잡아 주시려고 한다. 두들겨 패서라도…

마지막 부분은 설두스님의 법문을 기록하던 이가 "설두스님께서 갑자기 주장자를 집어 들고 법좌에서 내려

오시니, 대중이 일시에 달아나 버렸다.”라고 상황을 정리한 것이다.

 눈앞의 대중이 알아듣는 놈이 없으니 설두선사께서 직접 주장자를 알려주시려고 움직였다. 하지만 설두 스님의 자비를 받을 수 있는 그릇이 없었구나. 안타깝도다.

송강스님의 벽암록 맛보기 6권
(51칙~60칙)

역해 譯解	시우 송강 時雨松江
사진	시우 송강 時雨松江

펴낸곳	도서출판 도반
펴낸이	김광호
편집	김광호, 이상미, 최명숙
대표전화	031-983-1285
이메일	dobanbooks@naver.com
홈페이지	http://dobanbooks.co.kr
주소	경기도 김포시 고촌읍 신곡리 1168번지

송강 벽암록 6권 B5 한지
값 50,000원
9 791168 060760